GREEN

TOKYO

그린 도쿄

초록 풍경을
　　찾아 떠나는
도쿄 여행 안내서

김석원, 윤지하, 전은정 지음

목수책방
木水冊房

들어가는 말

도쿄의 '녹색 쉼표'를 찾아서

아주 오랫동안 사용하는 닉네임이 있습니다. 계수나무! 하트 모양의 동그란 잎과 가을에 풍기는 '달달한' 냄새가 매력적인 나무죠. 하루가 멀다 하고 소금에 절인 배추처럼 축 늘어져서 새벽 야근을 하던 시절, 사람과 차를 누가 싹 지운 것처럼 적막해진 도로변에서 처음으로 이 나무를 보았습니다. 단풍나무, 은행나무, 소나무 밖에 모르던 시절, 이 '하트 뿡뿡' 나무에 나도 모르게 눈이 갔고, 어쩐지 위로가 되었던 그 나무의 이름을 알고 싶어서 애를 썼던 기억이 납니다. 그렇게 '발견'한 나무가 뭔가 운명적으로 느껴져서 이후 저는 '계수나무'가 되었습니다.

돌이켜보면 생각 없이 매일 오가던 '그곳'에 지금까지 몰랐던 다른 생명이 나처럼 애쓰며 살아가고 있구나, 누가 알아봐 주지 않아도 자기 할 일을 하며 든든히 버티고 서 있구나, 그때 깨달았던 것 같습니다. 관심이 가면 이름을 알고 싶고, 이름을 알면 사는 모습이 궁금해지기 마련입니다. 식물에 관심을 갖게 되자, 어디를 가도 예쁜 꽃이 핀 식물 앞에서, 멋있는 나무 앞에서 사진기를 들이대게 되었습니다. 이것저것 찾아보고 공부도 하게 되었지요. 어쩌면 그 계수나무 가로수가 '생태책'을 만들어 먹고사는 지금의 저를 만들었는지도 모르겠습니다.

어렸을 때부터 일본문화를 무척 좋아했기에 일본에 꽤 자주 드나들었습니다. 생태책을 만드는 출판사를 시작한 이후에는 일본에 갔을 때 자연을 즐길 수 있는 곳을 선택해 다니곤 했지요. 그러면서 막연하게 내가 좋아하는 일본과 자연이라는 키워드를 엮어서 만들 수 있는 책이 없을까, 생각하게 되었습니다. 그러던 어느 날 인스타그램에서 줌ZOOM으로 도쿄의 눈여겨볼 만한 조경 공간을 소개한다는 소식을 보았습니다. 그것을 본 순간, '이거다!' 싶었습니다. 알 만한 분에게 연락해 발표자인 '보타니컬스튜디오 삼botanical studio sam'의 김석원 소장님을 찾아냈습니다. '그린 도쿄 프로젝트'는 그렇게 시작되었습니다.

저처럼 휘황찬란한 인공조명이 유혹하고 하늘을 찌를 듯 높이 솟아오른 빌딩들이 어깨를 나란히 하고 있는 홍콩에 가서도 기를 쓰고 신기한 열대식물 사진만 잔뜩 찍어 오는 사람들을 위한 도쿄 여행 책을 만들고 싶었습니다. 도시의 문화도 즐기고 싶지만 어디를 가도 '초록 풍경'을 자연스럽게 찾아다니는 사람들을 위한 여행 정보서, 도쿄 여행을 계획하고 있는 '식물 덕후'들을 위한 친절한 '맞춤형' 안내서 말입니다.

《그린 도쿄》는 기존의 여행 정보서에서 잘 다루지 않거나 '메인'이 아닌 '서브'로 취급되는 도쿄의 녹색 공간에 주목합니다. 핫한 쇼핑 공간이 아닌 쇼핑 공간의 옥상정원을, 식당이나 카페의 메뉴나 인테리어가 아닌 플랜테리어나 창밖으로 펼쳐진 정원에 눈길을 돌렸습니다. 구석구석 식재된 개별 식물에 주목했고, 거리에 줄지어 서 있는 도쿄의 가로수와 건물 입구나 주택가 골목에 자리한 작은 화단과 정원에 시선을 주었습니다. 김석원은 조경과 정원에 관심이 있는 사람들이 꼭 한번 들러 보았으면 하는 도쿄의 중요한 조경 공간을 골라 추천합니다. 일본에서 공부한 후 10년 넘게 도쿄에서 일하고 있고, 산책과 등산이 취미인 윤지하는 기초 정보 조사는 물론 '식물'을 콘셉트로 한 도쿄의 '핫 플레이스'와 느긋하게 식물과 눈 맞추며 산책할 수 있는 다양한 도쿄의 장소들을 찾아내 정리했습니다. 생태책을 만들고 있는 전은정은 식물원과 공원, 전통 일본정원을 주로 소개합니다.

도쿄에 열 번도 넘게 가 보았지만, 취재하면서 새로운 도쿄를 보았습니다. 전에는 특별할 것 하나 없어 보였던 공원도 다르게 보였고, 예전에는 가 볼 생각조차 하지 않았던 주택가 골목길 비밀정원 산책도 정말 즐거웠습니다. 우리와는 같은 듯 다른, 도쿄라는 대도시에서 살아가는 식물들 하나하나가 신기했고 잘 관리되고 있는 전통 일본정원과 백화점 옥상마다 너무 근사하게 만들어 놓은 정원, 역사와 전통을 자랑하는 식물원을 보며 많이 부럽기도 했습니다.

  책 속 추천 장소는 독자들이 각자 여행 동선을 정할 때 편리하도록 구별로 정리했습니다 여행 일정에 모리미술관이 들어가 있다면, 미나토구 롯본기 근처에 있는 녹색 공간 중에 마음에 가는 곳을 하나 선택해 함께 둘러볼 수 있습니다. 맨 뒤에는 요코하마시 등 도쿄 23구에 속하지는 않지만 시간을 내서 들러 볼 만한 도쿄 외곽의 주요 장소도 선별해 놓았지요.

  주소나 가는 길 안내는 자세하게 정리하지 않았습니다. 전 세계 여행자들의 필수 앱 '구글지도 Google Maps'가 있기 때문입니다. 한글로도 웬만한 장소는 다 검색이 되고 '경로'를 누르면 현재 있는 위치에서 어떤 교통수단을 이용해 어떻게 가면 되는지 자세하게 안내해 줍니다. 문 열고 닫는 시간 등 중요한 정보도 모두 확인할 수 있으니, 장소를 방문하기 전에 구글지도 검색은 필수! 여행을 떠나기 전에 미리 방문할 곳을 검색해 저장해 두면 도쿄에 가서 편리하게 불러올 수 있습니다 책에는 소개하는 장소와 가장 가까운 지하철역 이름만 표기해 놓았습니다. 연계 관광지 등 장소마다 부가적으로 언급할 만한 정보가 있는 경우 장소 옆에 따로 정리해 두었습니다. 중간 중간 '전통 일본정원의 주요 양식', '우리가 도쿄 도심 조경에 주목하는 이유', '도쿄에서 만나는 거리의 나무들' 등 식물을 좋아하는 사람들이라면 관심 있게 볼 수 있는 읽을거리도 들어가 있습니다.

  거의 모든 사진을 세 명의 저자가 촬영했지만, 부득이하게 사진이 없는 경우 위키미디어커먼스 commons.wikimedia.org의 저작권 없는 무료 공개 사진을 출처를 밝히고 사용했습니다. 기본적인 정보는 공식 리플릿이나 홈페이지의 정보를 기초로 정리했습니다. 도쿄도에서 관리하는 공원이나 정원은 주로 공익재단법인 도쿄도공원협회 www.tokyo-park.or.jp/park의 정보를 참고했습니다. 특별히 참고한 단행본은 해당 장소를 다루는 글에 언급해 놓았습니다. 식물 이름의 경우 학명 이름표가 달려 있는 식물을 중심으로 국가표준식물목록 www.nature.go.kr/kpni/index.do에서 한글 이름을 확인하고 정리했습니다. 정확한 이름을 알 수 없는 경우 통용되는 이름이나 속명을 식물 이름으로 사용했습니다. 마지막으로 책이 다루고 있는 내용은 모두 취재를 했던 2024년 기준임을 밝혀 둡니다.

'녹색 풍경'에 주목하는 여행은 여러 가지 좋은 점이 있습니다. 장소는 변하지 않아도 그 장소의 어딘가를 점유한 식물의 모습은 매순간, 사계절 달라집니다. 그렇기 때문에 같은 장소를 다시 가도 늘 새롭습니다. 여러 번 반복해서 들러도 매번 느낌이 다릅니다. 또 도시의 식물에 눈길을 주면 여행의 속도가 느려집니다. 숙제하듯 계획한 장소를 허겁지겁 '찍고' 오는 여행이 아니라, 느긋하게 발밑의 식물을 살피고, 작은 화단의 식물을 몸을 굽혀 바라보고, 잠시 멈추어 하늘을 올려다보며 걸으면 여행의 시간을 한결 더 풍요롭게 채울 수 있습니다. 도심에서 자연을 경험하는 여행은 본격적으로 자연과 하나 되는 여행과는 또 다른 매력이 있습니다. 회색빛 도시에서 자연을 '발견'하는 기쁨을 누리며 자연의 소중함을 더 '찐'하게 느낄 수 있으니까요. 무엇보다 도시에서도 자연과 연결되어 있다는, 늘 먹고살기 바빠서 잊고 사는 '살아 있다'는 감각을 느낄 수 있어 좋습니다. 식물과 자연을 사랑하는 당신, 도쿄 여행을 계획하고 있다면 이 책을 안내자 삼아 지금껏 만나 보지 못한 '그린 도쿄' 탐험을 떠나 보세요. 느긋하게 즐기는 식물 산책의 즐거움을 도쿄에서도 제대로 만끽해 보시길. 🌱

저자들을 대신하여 전은정
2025년 6월

차례

미나토구

롯본기힐즈·모리정원 12 | 블루보틀 커피 롯본기 15 | 21_21디자인사이트 16 |
히노키초공원 18 | 아자부다이힐즈 20 | 도쿄월드게이트 22 | 카페다이닝사푸 24 |
도라노몬힐즈 모리타워 26 | 네즈미술관·네즈카페 28 | 오카모토다로기념관 30 |
노노아오야마·아오야마기타미치어린이공원 32 | 블루보틀 커피 아오야마 34 |
아오야마플라워마켓 그린하우스 36 | 아이투카페 38 | 도쿄도정원미술관 40 |
자연교육원 42 | 구 시바리큐은사정원 44 | 메이지신궁 외원 은행나무 거리 48 |

셰어그린미나미아오야마 49 | 핫포엔 50 | 아리스가와노미야기념공원 52

전통 일본정원의 주요 양식 46

우리가 도쿄 도심 조경에 주목하는 이유 54

주오구

긴자식스가든 62 | 긴자소니파크 64 | 긴자미쓰코시 옥상정원 66 |
주케츠도 긴자 가부키자점 68 | 도쿄스퀘어가든 70 | 더팜유니버설 긴자 72 |
미쓰코시백화점 니혼바시 본점 옥상정원 74 |
코레도무로마치테라스 게야키광장 76 | 하마리큐은사정원 78

지요다구

도쿄역 80 | 도키와바시타워·도쿄토치테라스 82 | 키테가든 84 |
마루노우치브릭스퀘어 86 | 더카페바이아만·오테마치노모리 88 |
우치사이와이초광장 90 | 히비코쿠테라스 91 | 고쿄가이엔 92 |
고쿄히가시교엔 니노마루정원 94 | 지도리가후치 산책로 96 | 기타노마루공원 96 |
마루노우치 지역 97 | 소토보리공원 100 | 이다바시강변 102 | 도리우미서점 104

도시의 식물과 눈 맞추며 걷는 즐거움 106

시부야구

히구마도넛 × 커피라이트 112 | 파머스마켓@UNU 114 | 자이레.푸드 116 |
도큐플라자 오모테산도 '오모카도' 오모하라의 숲 118 |
도큐플라자 하라주쿠 하라카도 120 | 오모테산도브랜치 122 | 미야시타파크 124 |
시부야 파르코 옥상정원 126 | 기타야공원·블루보틀 커피 시부야 128 |
시부야구후레아이식물센터 130 | 다이칸야마 티-사이트·쓰타야서점 132 |
포레스트게이트 다이칸야마 134 | 구 아사쿠라가주택 136 |
메이지신궁·메이지신궁 왕실 정원 138 | 로란스 하라주쿠 142 | 요요기공원 144 |
에비스가든플레이스 146

신주쿠구

스이카펭귄광장 148 | 다카시마야 타임스퀘어 화이트가든 150 |
이세탄 신주쿠점 아이·가든 152 | 신주쿠 마루이 본관 큐코트 154 |
신주쿠교엔 156 | 간센엔공원 160 | 라카구 162

도쿄에서 만나는 거리의 나무들 164

다이토구

우에노온시공원 180 | 도쿄국립박물관 정원·도하쿠다관 182 | 루트북스 184 |
야나카레이엔·야나카긴자 186 | 구 이와사키저택정원 188

분쿄구

리쿠기엔 190 | 동양문고뮤지엄·오리엔트카페 193 | 고이시카와고라쿠엔 194 |
구 야스다구스오저택정원 196 | 하토야마회관 198 | 히고호소카와정원 199 |
고이시카와식물원 200

'사쿠라 트램' 타고 특별한 '꽃놀이' 202

메구로구

메구로천공정원 210 | 브로캉트 214 | 고소안 216 | 구 마에다가문저택 218 |

산책하기 좋은 메구로강 주변 길 212
구 마에다가문저택과 함께 보면 좋은 곳 220

스기나미구

오타구로공원 221

세타가야구

다마가와 다카시마야 222 | 후타코다마가와라이즈쇼핑센터 224 | 고토쿠지 226 |
구혼부쓰조신지 228 | 도도로키계곡공원 229

기타구
구 후루카와정원 230

네리마구
마키노기념정원 232 | 히카리가오카공원 235

스미다구
무코지마백화원 236

이타바시구
이타바시구립열대환경식물관 239 | 이타바시구립아카쓰카식물원 249 |
이타바시구립미술관 242

가쓰시카구
미즈모토공원 243

고토구
유메노시마열대식물관 244 | 기요스미정원 246 | 가메이도텐신사 248

도시마구
세이부이케부쿠로백화점 본점 색과 초록의 공중정원 250

도쿄 23구 외 지역
요코하마시 요코하마신항중앙광장공원 252 | 요코하마시 야마시타공원 254 |
요코하마시 산케이엔 256 | 요코하마시 네기시삼림공원 258 |
조후시 진다이식물공원 259 | 무사시노시 이노카시라온사공원 262 |
고가네이시 에도도쿄건축원 264 | 고쿠분지시 도노가야토정원 266 |
마치다시 더팜유니버설 미나미마치다그란베리파크점 268 |
이나기시 하나·비요리 피트 아우돌프 정원 도쿄 270 |
하치오지시 진바산-가게노부산-시로야마산-다카오산 등산 272 |
니시타마군 오쿠타마 지역 트래킹 274

미나토구港区

롯본기힐즈 · 모리정원 六本木ヒルズ · 毛利庭園
롯본기역

☆
롯본기힐즈는 연말 루미나리에 장식으로 도쿄 내에서 가장 유명한 장소다. 반짝이는 가로수로 가득 찬 거리 풍경을 배경으로 도쿄타워까지 함께 사진에 담을 수 있는 포인트는 사람들을 따라가다 보면 쉽게 찾을 수 있다. 11월 초부터 12월 25일까지, 루미나리에 시즌에는 경찰관이 나와서 건널목 중간 지점에서 안전하게 촬영할 수 있도록 도로 통제를 할 정도로 사람이 많이 붐빈다.

2003년에 오픈한 롯본기힐즈는 2007년에 오픈한 도쿄미드타운과 함께 도쿄의 도시개발 역사에 큰 획을 그은 프로젝트다. 쇼핑몰, 미술관, 사무실, 주거 공간이 한곳에 모여 있는 복합문화단지인 롯본기힐즈는 도시계획·건축·조경에 관심이 있는 사람들뿐만 아니라 일반 여행객들에게도 흥미로운 볼거리가 넘쳐나는 곳이다. 한국의 호암미술관, 스페인의 구겐하임미술관에도 있는 루이스 부르주아의 거대한 거미 '마망Maman'이 롯본기힐즈 66플라자에도 설치되어 있는데, '만남의 장소'로 인기가 높다. 건물 내부에 들어서면 미로 같은 모습에 조금 당황스러울 수도 있지만, 19미터 정도로 높낮이 차이가 크게 났던 원래 지형에 원과 곡선 형태를 더해 입체적으로 건물을 만들어 조성 당시뿐만 아니라 지금까지도 완성도가 매우 높다는 평가를 받는다. 우리가 잘 알고 있는 명품 숍도 많이 입점해 있어 쇼핑 계획이 있다면 오픈한 지 얼마 되지 않아 사람이 많이 몰리는 아자부다이힐즈보다는 비교적 한산한 롯본기힐즈를 방문하는 것이 더 나을 수 있다. 앉아서 쉴 수 있는 작은 정원이 중간중간 잘 만들어져 있으니 여유 있게 천천히 둘러보자.

　　모리정원은 에도江戸 시대603~1868 봉건 영주의 소유였던 땅에 롯본기힐즈를 개발하면서 '하늘'과 '녹색' 두 가지를 충분히 느낄 수 있도록 전통 일본정원의 모습으로 만든 곳이다. 모리타워에 근무하는 회사원들뿐만 아니라 이곳을 지나치는 모든 사람이 휴식을 위해 찾는 작은 공원이다. 왕벚나

무, 은행나무, 팽나무, 녹나무 등 원래부터 이 땅에서 자라던 아홉 주의 나무를 살렸다고 하니 정원을 둘러보면서 어떤 나무들인지 한번 찾아보자. 특히, 정원 입구에 자리한 15미터가 훌쩍 넘는 키의 녹나무가 아주 멋지다. 정원은 생각보다 넓지 않지만, 연못을 중심으로 약 20분 정도 가볍게 산책할 수 있는 코스가 마련되어 있으니 천천히 즐겨 보자. 공원 곳곳에서 도쿄타워가 보여 기념사진을 남기기에도 좋다. 만들어진 지 오래된 만큼 크게 자란 벚나무에서 화려하게 피어난 벚꽃을 마음껏 즐길 수 있는 곳이기도 하다. 벚꽃 시즌에는 매우 붐비지만, 특별한 꽃놀이를 즐기고 싶다면 도전해 볼 만한 가치가 있다. 점심시간에 방문하면 도시락을 즐기는 회사원들이 많이 보인다. 간식거리를 사 들고 그 틈에 앉아 현지인처럼 도쿄를 즐기며 여행의 작은 추억을 만들어 보자.

미나토구

1. 66플라자에 설치된 루이스 부르주아의 작품 '마망' 2. 모리가든 3. 거대한 크기의 녹나무 4. 겨울 시즌 루미나리에 장식으로 유명한 롯본기게야키자카도리(六本木けやき坂通り).

블루보틀 커피 롯본기 |Blue Bottle Coffee Roppongi

롯본기역

롯본기힐즈와 21_21 디자인사이트 중간에 위치하고 있으니, 어느 한쪽을 둘러본 후 다른 장소로 이동하면서 잠시 들러 쉬기에 좋다. 고층 빌딩의 1층에 카페가 있지만 깊숙이 들어가 있는 공간적인 특성과 주변을 둘러싼 정원 때문인지 숲속에 들어와 있는 듯한 아늑한 기분을 느낄 수 있다. 복잡한 시내가 아닌 주거지역에 있다 보니 비교적 방문객이 적어 아무 때나 가도 자리가 있는 편이다. 야외 테이블에 앉아 있으면 자연스럽게 모르는 이와 합석하게 될 수도 있으니, 옆 사람과 '스몰 토크'를 시도해 보는 것도 좋겠다. 근처에 함께 둘러보기 좋은 덴소신사天祖神社도 있다.

미나토구

21_21디자인사이트 21_21 DESIGN SIGHT

롯본기역, 노기자카乃木坂역

☆
롯본기는 도쿄 '아트 트라이앵글'을 이루는 산토리미술관, 모리미술관, 도쿄국립신미술관은 물론 21_21디자인사이트, 도쿄미드타운디자인허브까지, 도쿄를 대표하는 미술관들이 모여 있는 곳이다. 지도만 보면 하루에 싹 돌아볼 수 있을 것 같지만, 웬만한 '강철 다리'가 아니고서는 쉽지 않다. 욕심은 금물!

세계적인 패션 디자이너 이세이 미야케, 건축가이자 가구·조명 디자이너 이사무 노구치, 건축가 안도 다다오를 포함한 일본을 대표하는 여섯 명의 디자이너와 건축가 들이 만난 자리에서 '디자인 미술관'의 필요성이 제기되었고, 이를 계기로 2007년에 이 미술관이 만들어졌다. 이름에서도 알 수 있듯이 21세기를 대표하는 문화 허브가 되겠다는 목표를 가지고 운영하고 있다.

주변 환경에 방해가 되지 않도록 미술관의 80퍼센트 정도가 땅속에 숨겨져 있지만, 건축물 자체가 미술관임을 드러낼 수 있도록 조형적인 아름다움이 돋보이게 안도 다다오가 설계했다. 미드타운 가든의 넓은 잔디광장과 나무들이 건물을 품고 있는 것처럼 보이는 이 미술관은 낮에도 멋있지만 밤에도 근사하기 때문에 해가 진 후 방문해 야경을 즐기는 것도 좋다.

전시에는 관심이 없어도 무료로 들어갈 수 있는 뮤지엄 숍은 일부러 들를 만하다. 평소에 디자인 제품이나 관련 도서에 관심이 많은 사람이라면 지갑이 탈탈 털릴 수도 있으니 정신을 바짝 차려야 한다. 미드타운 가든에서는 비어가든, 루미나리에 등 매 시즌 다양한 이벤트를 진행한다.

1. 미술관 전경 2·3. 미술관 외부와 내부 4. 미술관 중앙(지하)에 위치한 정원

히노키초공원 檜町公園
롯본기역

세련된 감성의 도심 상업지구가 품고 있는 녹지로, 도쿄 미드타운 동쪽리츠칼튼도쿄와 가까운 곳에 자리하고 있다. 에도 시대 모리 가문이 소유했던 정원 터를 재정비해 공원으로 만들어 시민들에게 개방했다. 큰 연못과 전통 일본정원도 볼 수 있다.

'히노키ヒノキ, 檜'라는 이름에서도 알 수 있듯이 과거 이곳에 편백이 많아 '편백 저택'이라는 별칭도 있었다고 한다. 편백은 일본에서 자주 사용하던 대표적인 목재 중 하나로 독특한 향기가 있고 내구성이 뛰어나다. 세계에서 가장 오래된 목조 건물이라는 나라현의 호류지法隆寺에 사용한 목재가 바로 이 편백이다. 롯본기 미드타운 주변을 돌아보면서 잠시 들러 숨도 고르고, 아픈 다리도 쉬어 가기 좋은 곳이다. 특히 가을 단풍이 아름답다.

1. 큰 연못을 중심으로 한 일본정원 2·3. 5~6월 연못가에서 볼 수 있는 붓꽃속 식물 4. 숲속에 있는 듯한 기분을 느낄 수 있는 작은 계곡

미나토구

아자부다이힐즈 麻布台ヒルズ

가미야초 神谷町역

☆
현 시점 도쿄에서 가장 '핫'한 공간이라 꼼꼼하게 둘러보고 싶다면, 반나절 혹은 하루 일정으로 방문하는 것이 좋다. 맥주에 진심인 일본 사람들에게 가장 인기 있는 '비어가든' 뿐만 아니라, 12월에 열리는 크리스마스 이벤트를 포함해 시즌마다 다양한 행사가 진행되니, 홈페이지를 미리 확인하자.
www.azabudai-hills.com

모리빌딩에서 지금까지 만들어 온 '힐즈 시리즈아크힐즈, 롯본기힐즈, 오모테산도힐즈, 도라노몬힐즈'의 최종 버전으로, 2023년에 오픈했다. 우리나라 한강 노들섬 설계 공모에 당선되어 2027년에 완성될 '소리풍경'을 설계한 '헤더윅스튜디오'가 참여했다. 지형에 맞게 낮게 깔린 저층부의 상업 공간과 고층 빌딩들이 조화를 이루는 이곳은 곳곳에서 시원하게 하늘이 보이는 답답하지 않은 구조로 이루어져 있다. 쉽게 보기 어려운 곡선 형태로 만들어진 건물로, 지하부터 지상까지 연결된 긴 선형 공간 안에 다양한 상점이 들어서 있어 쇼핑과 식사가 동시에 가능하다. 야외에 넓게 조성된 '센트럴 그린'에서는 녹음을 즐기며 휴식할 수 있으며, 광장을 걷다 보면 도쿄타워가 아주 잘 보이는 장소가 있으니 '인생 사진'을 남겨 보자.

공간 안 곳곳을 흐르는 물길과 작은 연못들이 시선을 끌며, 단풍나무, 팽나무, 생달나무, 푸조나무, 때죽나무, 갈참나무, 멀구슬나무, 생강나무, 단풍철쭉, 수국 등의 나무를 만날 수 있다. 모두 도쿄에서 잘 자라는 식물들로만 식재했다고 한다. 건물 경사면 녹지에서 발견할 수 있는 사과, 복숭아, 귤, 블루베리 등의 열매가 열리는 과실수가 또 다른 이색적인 풍경을 만들어 내고 있다. 앞으로 사람들이 과일 수확 체험을 할 수 있도록 과수원으로 키워 갈 예정이라고 한다. '사람과 깊은 관계를 맺는 그린'이라는 슬로건을 내건 만큼 각 건물의 옥상정원과 테라스에는 가게 혹은 입주해 있는 주민이 허브와 채소 등 식용식물을 심을 수 있는 공간도 마련되어 있다.

1. 아자부다이힐즈 전경 2. 도쿄타워가 보이는 사진 명소 3. 산책하고 쉴 수 있는 녹색 공간 4·5. 녹음과 휴식을 즐길 수 있는 '센트럴 그린'

미나토구

도쿄월드게이트 Tokyo World Gate
가미야초역

고층 빌딩 주변에 '숲' 분위기를 즐길 수 있도록 조성한 매력적인 소공원이 있다. 도쿄월드게이트에 근무하는 회사원뿐만 아니라 인근에 거주하는 주민과 관광객 모두 편하게 들러 쉴 수 있는 편한 분위기다. 지형의 높낮이를 잘 활용하여 시냇물이 흐르게 했고, 크고 작은 나무들이 잘 관리되어 '깊이감'을 느낄 수 있는 공간이다.

  벚나무, 목련, 개서어나무, 산딸나무같이 키가 큰 나무와 동백나무, 산철쭉, 조팝나무, 만병초, 싸리 같은 소교목과 관목, 노루오줌, 아가판서스, 백합, 수선화, 수호초, 고사리 등 작은 풀이 심겨 있어 어느 계절에 방문해도 볼거리가 충분하다. 특히 식물 정보를 담은 안내판이 곳곳에 잘 달려 있어 도쿄의 공원에는 어떤 식물들이 살고 있는지 관찰하기에 아주 좋다. 건물 내부와 주변에 다양한 식당과 카페가 있지만, 햇빛 좋은 날 방문했다면 슈마츠 비어 스탠드 Schmatz Beer Stand 매장 테라스에 앉아 맥주 한잔을 즐겨도 좋겠다.

1. 숲속 같은 분위기의 작은 공원 2. '슈마츠 비어 스탠드' 매장의 야외 테라스 3. 공원 내 신사 4. 거대한 녹나무

카페다이닝사푸 Cafe Dinning Safu 茶楓 by 温故知新

도라노몬힐스虎ノ門ヒルズ역

☆
오전 11시부터 오후 6시까지 영업하며, 오후 1시부터 3시까지는 음료 메뉴만 판매하고 있으니 이 시간 대에 갔다면 가볍게 차 한 잔만 주문해도 된다.

고풍스러운 분위기의 기쿠치간지쓰기념도모미술관菊池寬実記念智美術館 안에 있는 브런치 카페다. 이 미술관은 창립자의 컬렉션을 기반으로 현대 도자기를 소개하는 곳으로, 일본 현대 도예의 세계에 관심 있는 사람이라면 미술관도 방문해 보자.

아직 많이 알려져 있지 않다 보니, 조용한 분위기에서 식사와 커피를 즐길 수 있다. 다만 아주 차분한 분위기라 큰 소리로 이야기하면 눈치가 보일 수 있다는 단점도 있다. 카페에 들어가는 순간부터 정갈하게 꾸민 일본 가정집을 연상시키는 '꾸안꾸' 스타일의 정원을 통유리를 통해서 볼 수 있다. 좌석 대부분이 정원을 잘 볼 수 있도록 배치되어 있지만, 카페에 들어서자마자 한 단 아래로 내려가지 말고 바로 왼쪽에 있는 '바' 형태의 좌석에 앉아 보자. 작은 별들이 반짝이는 하늘처럼 세심하게 연출되어 있는 천장이 매장 분위기를 더 빛나게 해 준다.

메뉴의 가격대는 점심식사파스타 세트 메뉴 3300엔, 디저트 1100~1600엔, 아메리카노 970엔 정도다. 이 매장은 시즌 별로 바뀌는 디저트가 유명하니 너무 배부르지 않은 상태에서 방문하는 것이 좋다.

1. 정원을 바라볼 수 있는 바 좌석 2. 정갈한 분위기의 정원 3. 카페다이닝사푸의 외관 4. 미술관 입구. 건물로 들어가서 오른쪽에 카페 입구가 있다.

미나토구

도라노몬힐즈 모리타워 虎ノ門ヒルズ森タワー

도라노몬힐스역

차가 다니는 지하 터널 공간 위로 고층 빌딩과 작은 공원들이 조화롭게 어울려 있는 곳으로, 햇살이 좋은 날에는 잔디가 깔린 넓은 '오벌 플라자Oval Plaza'에 들러서 일광욕을 즐겨보자. 웅크리고 앉아 있는 거대한 흰색 사람 조형물 옆에 비슷한 자세로 앉아서 사진을 찍은 후, 건물을 둘러싼 '스텝 가든' 쪽으로 이동해 짧은 산책을 할 수 있다.

모리타워 내부로 들어서면 경사에 맞추어 카페와 식당이 들어서 있다. 그 앞쪽에 놓인 다양한 형태의 의자에 앉아 멍하니 정원을 바라볼 수 있는 구조라 가장 편한 의자를 선택한 후 현지인처럼 시간을 보내 보는 것도 좋겠다. 우리나라에 없는 딘앤델루카 카페모리타워 2층에 들러 음료를 산 후 중앙광장인 오벌 플라자를 중심으로 거미줄 형태로 뻗은 복합문화단지인 이곳을 걸으며 여유 있게 둘러볼 것을 추천한다. 물론 매장 내에서 간단하게 점심식사도 할 수 있다.

비즈니스 타워에 있는 '사이오 파크Saio Park'도 독특한 형태인 수직정원이지만, 레지덴셜 타워 쪽에 있는 '아타고 잇초메 그린 스페이스Atago 1-chome Green Space'가 아주 인상적이니 건축과 조경에 관심 있는 사람이라면 놓치지 말고 꼭 방문하자. 핀터레스트나 영화에 나올 법한 입체적인 형태의 정원으로 식물과 건축물이 합쳐진 듯한 이 공간은 대충 찍어도 멋진 사진이 된다.

1. 오벌 플라자 2. 건물 내부의 카페와 식당 3. 사이오 파크의 수직정원 4·5. 아타고 잇초메 그린 스페이스

네즈미술관 · 네즈카페 根津美術館 · NEZUCAFE

오모테산도역

☆
세계적인 건축가 구마 겐고가 설계한 공간이다. 전시 일정에 따라 미술관과 카페 모두 문을 닫을 때가 '생각보다 아주 자주' 있으니, 홈페이지나 구글지도에서 오픈 시간을 꼭 확인하고 방문하자. www.nezu-muse.or.jp

전통과 현대가 아주 잘 어우러진 공간으로, 시끌벅적하지 않은 도쿄 여행을 계획하고 있다면 시간을 내서 방문할 만한 곳이다. 차분하면서도 무게감 있는 분위기의 회랑을 지나 미술관에 들어가도록 되어 있는데, 이곳에서 많은 사람이 사진을 찍으려고 '눈치작전'을 벌인다. 네즈카페 내부 창문에서 보는 정원의 모습이 한 폭의 풍경화처럼 아주 아름다우니 미술관 전시를 보는 것도 좋지만, 우선 카페에 들어가 좋은 자리를 잡는 것에 집중하자.

외부에 조성한 정원은 일본 전통정원의 모습을 잘 간직하고 있다. 하지만 생각보다 넓고, 높낮이가 있는 지형이며, 정원 안에 앉아 쉴 곳이 많지 않아, 더운 날에 방문했다면 손수건과 손선풍기를 꼭 챙겨야 한다. 네즈미술관은 국보 7점을 포함해 일본뿐만 아니라 동양의 고미술품 약 7400점을 소장하고 있다. 시즌별로 회화, 서적, 조각, 도예, 칠공예, 금속공예 등 다양한 주제로 전시를 진행하고 있으니, 동양미술에 관심 있는 이라면 전시도 놓치지 말자.

1. 네즈카페 2. 미술관 입구 회랑 3. 미술관 전경 4. 미술관 내 전통 일본정원

미나토구

오카모토다로기념관 岡本太郎記念館
오모테산도역

시부야역에 가면 단번에 시선을 사로잡는 화려한 색채의 대형 벽화가 있다. 바로 일본을 대표하는 아방가르드 화가 오카모토 다로가 히로시마 원폭을 모티브로 작업한 대형 벽화 '내일의 신화'다. 오모테산도에 가면 그가 84세의 나이로 세상을 떠날 때까지 40년 이상 생활했던 공간을 개조한 작은 기념관이 있다. 1층에 실제로 그가 그림을 그렸던 작업실이 보존되어 있는데, 이곳에서 1970년 오사카만국박람회의 상징인 '태양의 탑' 등 그의 대표작이 탄생했다고 한다. 규모가 크지는 않지만 작은 전시실과 아틀리에, 유니크한 기념품 숍까지 동양의 피카소라 불렸던 오카모토 다로의 삶과 작품 세계를 만나볼 수 있다.

식물을 좋아하는 사람들이라면 기념관 입구에 조성된 작은 정원에 눈길이 가지 않을 수 없다. 이 정원의 주인공은 종려나무, 비자나무, 통탈목, 파초, 페이조아Feijoa, 아칸투스Acanthus 같은 열대식물이다. 오카모토 다로의 독특한 조각 작품은 이국적인 열대식물과 '찰떡 궁합'을 자랑한다. 계속 사진을 찍게 만드는 매력적인 곳이다. 네즈미술관이 가까운 거리에 있어 함께 들르면 좋다.

1. 오카모토 다로의 작업실 2. 전시실 3·4. 열대식물과 조각 작품이 조화를 이루고 있는 기념관 앞 작은 정원

노노아오야마 · 아오야마기타마치어린이공원 ののあおやま · 青山北町児童遊園
오모테산도역

언제나 사람으로 북적이는 오모테산도 지역에 '작은 숲이 그리는 100년 후의 미래'라는 슬로건을 내건 공원이 있다. 크고 작은 나무들이 가득한 이 공원은 아오야마기타마치어린이공원과 붙어 있어, 아이들과 함께 여행 중이라면 아이들을 놀이터에 잠시 맡기고 쉬는 시간을 가질 수 있다.

공원 주변에 분위기 좋은 식당이 몇 곳 있지만, '돈카츠 마이센 아오야마 본점'이 걸어서 2분 거리에 있으니, 날씨가 좋은 날에는 가츠산도돈가스를 빵 사이에 넣은 음식를 포장해서 공원 내 작은 연못 옆, 물 흐르는 소리가 들리는 '명당' 자리에 앉아 눈과 입 그리고 귀까지 즐거운 시간을 가져 보자 61쪽 참조. 역사와 지역성을 고려하여 주민들의 힘으로 지켜 내고 가꾸어 온 공간이라 더욱 가치 있어 보이는 곳이다. 홈페이지에서 공원에서 열리는 다양한 이벤트를 확인할 수 있다. nonoaoyama.com

1. 아오야마기타마치어린이공원 2·3·4. 숲속 같은 분위기의 노노아오야마 5. 휴게 쉼터

미나토구

블루보틀 커피 아오야마 Blue Bottle Coffee Aoyama
오모테산도역

아오야마青山 지역 뒷골목을 지나다 보면, 큰 나무들이 들어선 독특한 건물을 만날 수 있는데, 그 건물 2층에 블루보틀 커피가 입점해 있다. 블루보틀 커피는 우리나라에도 여러 곳에 매장이 들어와 있지만, 보통은 새로 지은 건물에 입점해 있다. 하지만 아오야마점은 오래된 건물의 역사적 맥락을 잘 살려 운영한다는 면에서 매력적인 곳이다.

커피를 주문하면 매장 내부 혹은 테라스 중 어디에 앉을지 물어보는데, 날씨가 좋은 날에는 당연히 테라스석에 앉는 것이 좋다. 2층 높이보다 훨씬 높게 자란 단풍나무, 비파나무가 적절하게 시야를 가려 주니 숲속에 있는 느낌이 들 뿐만 아니라 아래로 내려다보이는 정원의 모습도 좋다. 1층에는 요즘 주목받는 일본의 디자이너 브랜드 카반 드 주카 CABANE de ZUCCA의 매장도 입점해 있으니 관심 있는 사람들은 함께 들러 보자.

1. 건물 입구 2·3. 테라스 좌석과 커다란 비파나무 4. 카페 내부

> 미나토구

아오야마플라워마켓 그린하우스 Aoyama Flower Market GREEN HOUSE

오모테산도역

☆
예약도 할 수 없고, 주변에 워낙 관광지로 유명한 오모테산도와 하라주쿠가 있어 어느 정도 대기할 각오를 하고 가야 한다. 카페 대기 줄이 너무 길면, 바로 옆 건물에 있는 아오야마플라워마켓에서 꽃과 예쁜 소품만 구경해도 괜찮다. 미나미아오야마 본점 이외에도 아카사카Biz타워점과 기치조지점도 있다.

지하철을 타고 도쿄 여행을 하다 보면 역에서 '아오야마플라워마켓'이라는 간판을 단 꽃집을 자주 만날 수 있다. 지하철역뿐만 아니라 아오야마플라워마켓은 도쿄 곳곳에 아주 많은 지점을 가지고 있는 인기 꽃집이다. 원예에 관심이 많은 한국의 지인이 가끔 이곳의 '꽃가위'를 사다 달라는 부탁을 하곤 한다. 이 아오야마플라워마켓이 운영하는 카페·레스토랑이 도쿄의 샹젤리제라 불리는 오모테산도와 인접한 동네에 자리하고 있다. 관광객은 물론이고 일본 현지인들도 오픈 전부터 줄을 설 정도로 인기 있는 곳이다.

'Living with Flowers Every Day'를 모토로 하는 곳이라, 말 그대로 싱그러운 초록 잎과 형형색색의 꽃에 둘러싸여 음료와 음식을 즐길 수 있다. 화려한 식용 꽃으로 장식한 부드럽고 촉촉하고 달콤한 프렌치토스트가 시그니처 메뉴이며, 디저트 중에서는 '플라워 파르페'를 추천한다. 장미 젤리에 체리 무스, 생크림과 바닐라 아이스크림, 장미 꽃잎을 토핑한 파르페는 과하게 달지 않으면서 향긋한 장미향과 여러 가지 식감을 느낄 수 있다.

1. 식물로 장식한 화려한 카페 내부 2. 시그니처 메뉴인 프렌치토스트 3. 판매하는 다양한 식물 4. 건물 입구

미나토구

아이투카페 I2cafe
오모테산도역

☆
'더치 베이비'는 오븐에 구운 독일식 팬케이크를 의미한다. 오븐에 들어갔다 나온 팬 그대로 제공되기 때문에 갓 구운 '겉바속촉' 따끈따끈한 팬케이크를 맛볼 수 있다. 굽는 시간이 20분이나 걸려서 음식이 나올 때까지 조금 기다려야 한다.

오모테산도에는 명품 브랜드 숍뿐만 아니라 세련된 카페들도 많다. 골목 안쪽에 자리한 아이투카페는 입구부터 포스가 남다르다. 나무와 풀, 컬러풀한 꽃으로 장식한 갖가지 식물이 사람들의 시선을 확 끌어당긴다. 마치 숲으로 들어가는 듯한 기분으로 문을 열고 들어가면 꽃으로 장식한 천장을 보고 감탄사를 연발하게 된다. 꽃을 사랑하는 사람이라면 첫눈에 반할 만한 곳이다.

오전 8시부터 영업하기 때문에 아침을 먹기 위한 장소로도 훌륭하다 대신 6시면 문을 닫는다. 프렌치토스트가 나오는 모닝 플레이트, 아사이 볼, 그릭 요구르트 볼 등이 아침 메뉴로 인기 있으며, 점심 메뉴로는 '더치 베이비 팬케이크'가 인기다. 1인용 프라이팬에 나오는데, 마치 〈하울의 움직이는 성〉에 나올 법한 비주얼이다.

1. 꽃이 주렁주렁 달려 있는 카페 천장 2·3. 온갖 식물로 뒤덮인 입구 벽면 4. 인기 메뉴 더치 베이비 팬케이크

도쿄도정원미술관 東京都庭園美術館

메구로目黒역

☆
미술관은 홈페이지에서 티켓을 예약하고 가는 것이 좋다. www.teien-art-museum.ne.jp 바로 옆에 국립과학박물관 부속 자연교육원이 자리하고 있으니 함께 들러 보자.

프랑스로 유학을 간 아사카노미야 가문의 야스히코왕은 1925년 파리 '현대 장식 및 산업 미술 국제 박람회'에 전시된 에밀 자크 루만의 '컬렉터의 호텔'을 보고 매료된다. 왕은 일본에 돌아온 후 박람회에 참여했던 프랑스 전문가를 데려와 아르데코 양식의 저택지금의 본관을 짓기 시작했다. 앙리 라팡이 주요 객실 내부를 설계하고, 르네 랄리크가 유리 세공 장식을 맡았다고 한다. 도쿄도정원미술관은 20세기 초 프랑스의 건물을 그대로 옮겨 놓은 듯한 건물을 구경하는 것만으로도 흥미로운 곳이다. 대칭적인 형태, 패턴화된 곡선과 직선의 조화 등 1910~1930년대에 유행하고 발전한 아르데코 양식의 특징을 건물 곳곳에서 발견할 수 있다.

전쟁에서 패배한 이후 야스히코왕은 왕족 지위를 잃고 평민으로 강등되었고 저택도 압류되었다. 이후 이 저택은 총리 관저와 영빈관 등으로 사용되다 국가 중요문화재로 지정해 미술관으로 활용하고 있다. 옛 저택과 갤러리·카페가 자리한 신관 건물 주변에는 연못과 전통 다실이 있는 일본정원은 물론 유럽식 정원이 있어 산책하기에도 아주 좋다. 다실 안에서 고풍스러운 문 너머로 보이는 단정한 정원 풍경도 놓칠 수 없는 볼거리다. 오랜 역사를 자랑하듯 키가 아주 큰 나무들이 있어 보는 것만으로도 눈이 시원해지는 곳이다.

1. 옛 아사카노미야 가문의 저택을 활용한 미술관 2. 미술관 내부 3. 키 큰 나무들이 있는 잔디광장 4·5. 전통 다실과 다실 내부

미나토구

자연교육원 自然教育園
메구로역

☆
교육관리동에 작은 기념품숍이 있는데, 자연교육원에서 볼 수 있는 동식물 이미지를 이용해 만든 기념품도 살 수 있고 다양한 도감 등의 책도 구경할 수 있다.

도심 한가운데 한낮인데도 어둡다고 느껴질 정도로 이렇게 울창한 숲이 있다니! 국립과학박물관 부속 자연교육원이 들어선 부지는 400~500년 전 지방 호족들이 저택을 짓고 살았던 곳이라고 한다. 이후 메이지明治 시대 1868~1912에는 육·해군의 화약고 부지로도 사용되었고, 다이쇼大正 시대 1912~1926에는 왕실의 영지이기도 했다. 그래서 얼마 전까지도 일반인이 출입할 수 없어 자연이 잘 보존되어 있다. 자연교육원에서는 일본 간토평야의 일부인 무사시노武蔵野를 대표하는 사계절 식물을 볼 수 있고, 희귀종 보존에도 힘쓰는 곳이라 귀한 식물도 만날 수 있다. 오랜 역사를 자랑하듯 '거목'이라는 푯말을 달고 있는 나무가 여기저기 많다. 거대한 곰솔 등의 나무가 버티고 서 있는 길을 새소리를 들으며 산책하다 보면 모밀잣밤나무숲, 소나무숲, 졸참나무숲 등도 만날 수 있다. 다양한 동식물이 살아가는 습지와 작은 연못이 있는 곳의 풍경도 아름답다.

지도를 보면 굉장히 규모가 크다는 사실을 알 수 있다. 6만평 부지약 20헥타르, 도쿄돔 4.2개의 크기라고 한다. 크게 노방식물원, 수생식물원, 무사시노식물원으로 구분되는데, 사람이 관리하는 부분은 부지의 약 15퍼센트 정도고 나머지는 최소한의 안전관리만 하고 손을 대지 않는다고 한다. 입구의 교육관리동에서는 자연교육원에 철마다 나타나는 다양한 동식물을 관찰하고 배울 수 있는 전시나 영상물도 감상할 수 있고, 곤충 관찰 등 생태 교육 프로그램도 진행된다.

1·2·3. 깊은 숲속을 걷는 느낌으로 산책할 수 있다. 연못과 습지 주변 풍경도 아름답다. 4. 자연교육원 입구

미나토구

구 시바리큐은사정원 旧 芝離宮恩賜庭園

하마마쓰초浜松町역, 다이몬大門역

☆
하마마쓰초역은 하네다공항을 자주 이용하는 사람들에게는 익숙한 역이다. 공항에서 도쿄 모노레일 하네다 공항선 모노레일 하마마쓰초역까지 와서 이동하는 경우가 많기 때문이다.

하마마쓰초역에서 조금만 걸으면 갈 수 있는 아름다운 일본 정원으로, '은사공원恩賜公園'이란 일왕이 하사한 공원이라는 의미다. 일본 문화재보호법은 예술적이고 관상 가치가 높은 역사적 장소를 국가 명승으로 지정해 보호하고 있는데, 구 시바리큐은사정원도 그중 하나다. 고이시카와고라쿠엔과 함께 도쿄에 남아 있는 에도 시대 초기 다이묘大名, 중세 일본의 각 지방을 다스리는 영주를 가리키는 말 정원이기도 하다. 바다였던 자리에 흙을 채워 오쿠보 다다토모의 저택과 정원을 조성했는데, 나중에 왕실 재산이 되면서 '시바리큐'라는 이름이 되었다고 한다. 관동대지진으로 큰 피해를 입기도 했으나, 복구되어 도쿄 시민들에게 사랑받는 공간이 되었다.

이 정원은 전통 일본정원의 대표적인 형태인 '지천회유池泉回遊'식이다. 한자의 뜻 그대로 중심에 커다란 연못이 있고, 연못 주위를 따라 걸으며 다채로운 경관을 즐기도록 정원이 설계되었다. 연못 중심에 나카지마섬과 우키시마섬을 배치해 바다와 호수의 모습을 표현했다. 걷다 보면 커다란 돌들이 배치되어 있는 것을 볼 수 있는데, 돌의 활용도 이 정원의 특징 중 하나다. 봄에는 벚나무, 여름에는 수국을 보기 위해 많은 사람이 찾으며, 단풍이 절정일 때는 연못에 비친 단풍나무를 사진에 담는 사람들이 많다.

1. 정원 안에서 가장 높은 오야마에서 내려다본 모습 2. 골짜기를 따라 떨어지는 폭포를 연상시키도록 돌을 배치해 만든 가레타키(가상 폭포) 3. 중요한 정원 조망 포인트인 유키미 등롱 4. 중국 항저우에 있는 서호의 둑을 본떠 돌로 만든 '세이코노쓰쓰미'

전통 일본정원의 주요 양식

전통 일본정원 양식은 크게 연못을 중심으로 한 지센池泉, 물을 사용하지 않고 돌과 모래만으로 산수 풍경을 표현하는 양식으로 '마른 산수'라 불리는 가레산스이枯山水, 그리고 다도를 즐기기 위한 다실 가는 길에 조성하는 로지露地로 나눌 수 있다. 교토 사찰에서 많이 볼 수 있는 가레산스이 양식 정원은 바위와 흰 모래를 이용해 산과 물을 표현하며, 명상과 사색을 위한 공간이다.

도쿄에서 가장 자주 볼 수 있는 전통 일본정원은 연못이나 샘물을 중심으로 조성한 '지천식'이 많다. '지천식'은 연못에 배를 띄워 그 안에서 주변을 둘러보는 '주유식舟遊式', 건물 안에서 감상하는 '감상식鑑賞式', 코스를 따라 연못을 중심으로 걸어 다니며 풍광을 즐기는 '회유식回遊式'으로 나눌 수 있다. 도쿄에서는 지천회유식 정원을 많이 볼 수 있으며 주로 에도 시대 왕가와 지방 영주들의 정원인 경우가 많다. 연못을 따라 걸으며 시선을 옮기면서 정원 설계자가 어떤 풍경을 보기를 원했는지, 그 의도를 생각해 보면 정원 산책이 훨씬 더 즐거워질 것이다. 돌 하나 나무 한 그루 그냥 허투루 배치하지 않았음을 알 수 있다.

《나의 문화유산 답사기-일본편》유홍준 지음을 보면 "일본정원은 자연을 재현한 인공적 공간", "일본에서는 마치 액자에 집어넣듯이 마루와 차양과 기둥으로 풍경을 규정해 놓는다"는 표현이 나오는데, 실제로 일본정원을 구경하다 보면 이상적인 자연의 모습을 정원 안에 구현하고 섬세하게 '풍경을 설계'했다는 것이 어떤 의미인지 알게 된다. 정원의 나무들도 '가위손의 터치'를 상당히 세게 받은 모습인 경우가 많다.

1. 구 시바리큐은사정원 2. 하마리큐은사정원 3. 이나기시 하나·비요리의 가레산스이 정원

도쿄도립 문화재 정원 9

일본은 아름다운 경관을 자랑하며 역사적 가치를 지닌 장소를 '명승'으로, 학술적 가치가 있고 일본문화의 상징이 될 만한 유적이나 유구는 '사적'으로 지정해 보호한다. 명승과 사적 중에 특별히 더 가치가 높은 것을 특별명승, 특별사적으로 지정하는데, 특별명승·특별사적으로 동시에 지정된 도쿄의 정원은 두 곳, 하마리큐은사정원과 고이시카와고라쿠엔이다. 예술적·역사적 가치가 높은 전통 일본정원을 보고 싶은 사람이라면 다음의 아홉 군데 문화재 정원을 먼저 돌아보자.

구 시바리큐은사정원 44쪽 | 하마리큐은사정원 78쪽 | 구 이와사키저택정원 188쪽 | 리쿠기엔 190쪽 | 고이시카와고라쿠엔 194쪽 | 구 후루카와정원 230쪽 | 무코지마백화원 236쪽 | 기요스미정원 246쪽 | 도노가야토정원 266쪽

미나토구

메이지신궁 외원 은행나무 거리 明治神宮 外苑 イチョウの並木通り

가이엔마에外苑前역, 아오야마1초메青山一丁目역

☆
메이지신궁 외원은 도쿄에서 가장 규모가 큰 크리스마스 마켓이 열리는 곳으로 유명하다. 보통 11월 중순에서 크리스마스 당일까지 열리니, 이 시기에 도쿄에 간다면 한번 들러 보자. 한국 여행사에서 미리 티켓 예약을 할 수도 있고, 현장에서 티켓을 구입해도 된다.

메이지 일왕 부부의 영혼을 모신 메이지신궁은 내원과 외원이 있는데, 외원에는 야구장, 럭비장, 실내야구장, 도쿄국립경기장 등 각종 스포츠 시설과 공원이 모여 있다. 또 일왕 부부의 삶을 주제로 한 그림을 볼 수 있는 성덕기념회화관도 이쪽에 있다. 메이지신궁 외원은 단풍철이 되면 어마어마한 인파가 몰린다. 바로 140여 그루의 은행나무 가로수 때문이다. 도로 양 옆으로 모양을 잘 다듬어 놓은 100년 넘은 은행나무들이 도열하고 있는데, 가을에 잎이 노랗게 물들면 장관을 이룬다. 단풍이 절정에 이르는 시기는 11월 하순에서 12월 상순으로, 단풍 시즌에 맞추어 매년 '신궁 외원 은행 축제'도 열린다. 좋지 않은 소식도 들린다. 재개발 계획이 발표되면서 100년 이상 된 나무를 베어 낸다는 소식이 들리자 사카모토 류이치, 무라카미 하루키 같은 유명 인사는 물론 시민들이 반발해 아직도 갈등이 계속되고 있는 모양이다. 도쿄의 가장 유명한 은행나무 거리의 운명은 과연 어떻게 될까.

모양을 내어 다듬은 오래된 은행나무 가로수

셰어그린미나미아오야마 SHARE GREEN MINAMIAOYAMA
아오야마1초메역

맛있는 커피를 먹을 수 있는 카페 Little Darling Coffee Roasters, 돗자리를 펴 놓고 소풍 나온 기분을 낼 수 있는 잔디밭, 이국적인 열대식물과 화려한 꽃, 허브류를 구경도 하고 살 수도 있는 꽃집 SOLSO PARK·ALL GOOD FLOWERS, 여유로운 분위기에서 일할 수 있는 공유 오피스 LIFORK가 결합된 도심 속 녹색 복합문화공간이다. 창고 터를 리노베이션한 곳으로 규모가 꽤 커서 도쿄는 어딜 가도 사람이 많고 좁다고 느끼는 이들에게는 색다른 여유를 즐길 수 있게 해 준다. share-green.com

1. 건물 앞에 조성한 잔디밭 2. 카페 3. 다양한 식물을 구입할 수 있는 꽃집 4. 야외 쉼터

핫포엔 八芳園

시로가네다이역 白金台驛

☆ 들어가서 그냥 구경하는 것은 무료! 핫포엔 안에 있는 쓰러시카페(Thrush cafe)는 예약 없이 이용할 수 있지만 카페에서 식사를 하고 싶거나 레스토랑 ENJYU를 이용하려면 예약이 필수다. 메구로역과도 가까워서 메구로역 주변에 갈 일이 있으면 함께 들르면 좋다. 홈페이지 정보에 의하면 핫포엔 시설 리노베이션 공사 때문에 2025년 9월 말까지 문을 닫는다고 한다.

시로가네다이는 관광지로는 많이 알려지지 않은 동네로, 고층 맨션이나 고급 주택이 자리한 '부촌'의 느낌이 강하다. 시로가네다이에는 400여 년 전 에도 시대에 만들어진 아름다운 일본정원 핫포엔이 자리하고 있다. 핫포엔이라는 이름에는 '사방팔방 어디를 보아도 아름다운 곳'이라는 의미가 담겨 있다고 한다.

정원 입구로 들어서면 먼저 수령이 몇 백 년이나 되는, 몸값이 엄청 높아 보이는 오래된 분재들이 시선을 끌며, 안쪽으로 들어가면 아름다운 무늬의 잉어가 노니는 연못 주변을 산책할 수 있다. 다실 '무안'에서 잠시 쉬어 가도 좋다.

이곳은 해외에서 온 손님들에게 일본문화를 경험할 수 있게 해 주는 고급 접대 장소로 자주 사용되며, 현지인들에게는 웨딩 촬영을 위한 장소나 결혼식장으로 유명하다. 그래서 이곳에 가면 결혼 예복을 입은 신랑 신부의 모습을 심심치 않게 볼 수 있다. 2022년 5월 23일, 미일정상회담을 위해 일본을 방문한 미국 대통령 조 바이든과 일본 총리 기시다가 저녁 만찬을 했던 요정 '고추안 壺中庵'도 정원 안에 있다.

1. 정원 입구 2·4. 연못과 연못 풍광을 즐기기 좋은 운치 있는 정자 3. 수백 년이 넘는 수령의 분재

미나토구

아리스가와노미야기념공원 有栖川宮記念公園
히로오広尾역

☆
히로오역을 나가자마자 빵 냄새가 발을 붙잡을 것이다. 바로 트러플 향이 나는 빵을 파는 트뤼플 베이커리 히로오점이다. 리뷰를 보면 '인생 소금빵'을 먹었다는 댓글이 줄줄이 달려 있다.

☆
공원 근처는 대사관이 많고 임대료가 비싸기로 유명한 고급 주택가 아자부주반이다. 공원 산책도 하고 서민적인 번화가인 '시타마치'의 분위기를 느낄 수 있는 아자부주반 전통 상점가도 돌아보자. 300개 이상의 상점이 있는데, 대부분 100년 이상 된 곳이라고 한다.

히로오역 1번 출구로 나가 향긋한 빵 냄새를 풍기는 유명 빵집을 지나 5분 정도 걸어가면 복잡한 도쿄 도심과는 사뭇 다른 한적한 느낌의 공원이 나온다. 원래는 메이지 시대 일본 왕실의 세습친왕가친왕 직위를 세습한 일본 왕실의 방계 가문인 아리스가와노미야의 토지에 있던 전통 일본정원이었는데, 일반에게 공개되어 누구나 즐길 수 있는 공원이 되었다. 연못도 있고, 동쪽 지대는 높고 서쪽 지대는 낮아서 산책이 지루하지 않다. 2월에는 매화가 흐드러지게 피며, 왕벚나무를 비롯해 11종의 벚나무가 있어 봄에 특히 인기가 좋다. 도서관 쪽 잔디광장 주변에는 미나토구의 꽃이기도 한 수국이 식재되어 있어 초여름 볼거리를 제공하며, 가을 단풍도 매우 아름답다. 연못에서 만날 수 있는 다양한 새도 산책을 즐겁게 해준다.

독일대사관과 맞닿아 있는 남동쪽 광장에는 공원의 상징인 아리스가와노미야 다루히토 친왕의 기마 동상이 있으며 동상 근처에는 아이들 놀이터도 마련되어 있다. 이 공원 안에는 일본 공립 도서관 중 가장 많은 책약 221만 권을 소장하고 있다는 도쿄도립중앙도서관도 있다. 도서관 근처 잔디밭에서는 피리 부는 소년상, 신문 소년상을 볼 수 있다. 세계 각국의 신문과 번역된 일본 만화를 읽을 수 있다고 하니, 책과 일본 만화에 관심 있는 사람이라면 찾아가 볼 만하다. 공원은 24시간 개방한다.

1. 연못 2·3. 아리스가와노미야 다루히토 친왕의 기마 동상이 있는 광장

우리가 도쿄 도심 조경에 주목하는 이유

글_김석원

2023년 봄, 고등학생 때부터 친하게 지낸 친구 두 명과 도쿄 여행을 했다. 쇼핑, 맛집 투어, 온전한 휴식 등 각자의 여행 목표가 조금씩 달랐기에 2박 3일이라는 짧은 일정 동안 아주 바쁘게 돌아다녔다. 그러다가 긴자식스의 옥상정원을 만났다. 조경을 전공했고, 정원 만드는 일을 하고 있는 나에게 그 공간은 깊은 인상을 남겼다. '긴자'가 어떤 동네인가. 도쿄에서 가장 비싼 땅이며, 우리가 흔히 알고 있는 명품 브랜드의 숍이 줄지어 도로변에 입점해 있는 곳 아닌가.

하지만 옥상정원의 이미지는 완전히 달랐다. 중앙에는 넓은 잔디광장이 있었으며, 양 옆으로는 크고 작은 나무와 꽃을 피운 풀이 우거져 있는 숲 느낌으로 조성되어 있었다. 무엇보다 나무 아래에서 사람들이 편안한 모습으로 쉬고 있었다. 무언가 군더더기 없는 차분한 분위기의 조경 공간이었다(사진 1).

그게 뭐가 인상적이었냐고 말할 수도 있지만, 나에게는 나름의 이유가 있다. 여행을 가기 전, 2021년 8월에 오픈한 대전 신세계 아트 앤드 사이언스Art&Science의 옥상정원에 다녀온 적이 있다. 나는 그 두 공간을 비교하며 몇 가지 의구심이 들었다. 물론 한국과 일본은 상황이 다르고, 시행사신세계와 모리빌딩의 차이도 분명히 있을 것이다. 하지만 예산을 더 투여하고, 디자인에 더욱 신경 써서 '삐까뻔쩍'한 공간을 만들 수도 있었겠지만, 과하지 않은 느낌의 공간을 만들어 낸 긴자식스의 옥상정원이 내게는 더 매력적으로 느껴졌고, 자주 가고 싶은 편안한 공간으로 다가왔다. 도쿄에 다녀온 이후, 이 책을 위해 다시 둘러본 도쿄에 있는 백화점 옥상정원과 오피스 빌딩 앞 공개공지에 조성된 수많은 조경 공간은 무언가를 가득 채우는 일에 급급하지 않고 이 공간에 무엇이 필요한지 고민하면서 잘 만들었다는 생각이 강하게 들었다.

그렇다면 도쿄도 안에 있는 조경혹은 정원 공간의 특징은 무엇일까?

첫째, 도쿄는 우리나라 서울과 연 평균기온과 동계 최지기온이 다르다. 또 해양

성 기후를 가지고 있다는 환경적인 차이가 있다. 쉽게 말해 도쿄는 제주도와 비슷한 환경이라고 생각하면 된다. 제주도 길거리를 이국적인 분위기로 만들어 주는 워싱턴야자, 당종려나무, 소철이 도쿄 시내 한복판에서 살 수 있을 뿐만 아니라, 서울 시내에서도 자주 볼 수 있는 소나무, 은행나무, 단풍나무도 살 수 있는 환경이다. 그렇게 때문에 우리와 비슷한 듯 전혀 비슷하지 않은 도시 풍경이 만들어진다(사진 2).

도쿄는 겨울에 여행해도 도심 안에서, 공원에서 초록색 잎을 심심찮게 만날 수 있다. 식재 설계를 풀어 가는 방법과 성향이 우리나라와는 당연히 다르겠지만, 이런 환경적인 차이 때문에 심을 수 있는 식물의 수가 훨씬 더 많으니, 식재 조합 자체가 꽤 흥미롭고 재미있는 부분들이 많아질 수밖에 없다. 특히나 잎의 형태뾰족한 형태, 둥근 형태 등와 색초록색, 연두색, 무늬 등의 매력을 잘 살려 만들어 낸 식재 조합은 꽃이 피는 시즌이 아니어도 정원 전체 모습이 비거나 무너지지 않게 해 준다. 그런 모습은 도쿄 안에 있는 조경 공간에서 자주 볼 수 있다(사진 3).

둘째, 지자체와 부동산개발업자, 혹은 기업이 서로 협력하여 도시를 정비하는 데 진심이라는 점이다자세한 내용은 박희윤이 쓴《도쿄를 바꾼 빌딩들》(북스톤)을 참고하자. 대학을 졸업한 이후 약 15여 년 만에 도쿄를 방문하기도 했지만, 서울과는 아주 다른 방향으로 발전한 도시의 풍경에 많이 놀랐다. 물론 도시계획의 전반적인 내용을 다 이해하고 있지는 않지만 그 지역이 가지고 있어야 할 '자연 상태 그대로의 녹지숲'를 3년 정도 키운 후 그대로 도심 안으로 이식해 온 '오테마치노모리'나, 오피스 빌딩 입면 4층까지 식물이 살 수 있는 환경을 만든 후, 초록이 가득한 공간을 만들어 낸 '도쿄스퀘어가든'을 보면 조금 부러운 생각마저 든다(사진 4).

우리나라의 경우도 근린생활시설을 새로 지을 때 사용승인허가를 위한 법적 녹지 면적과 반드시 심어야 할 나무의 수가 정해져 있다. 그렇게 건축가가 아니기 때문에 아주 정확하게 알지는 못하지만 건물을 지을 때 녹지를 제공하고 층수 혹은 면적과 관련해 어느 정도 혜택을 받는 것으로 알고 있다. 도쿄라는 도시도 이와 마찬가지의 이유규정상의 이점로 공개공지에 조경 공간을 확보하고 있고, 비싼 땅평지보다는 건축물에 붙어 있는 수직 형태의 녹지가 더 효율적이라고 판단되기 때문에 우리나라에서

보기 어려운 벽면 녹화의 형태가 나타나고 있는 것으로 보인다. 그리고 이러한 수직정원은 나 같은 관광객의 눈에는 도시에 잘 스며들어 있는 초록빛으로 느껴지고, 연신 사진을 찍고 있으니 이보다 더 좋은 도시 조경 정책은 없지 않나, 하는 생각마저 든다(사진 5·6).

마지막으로 도쿄 조경에서는 유행을 타지 않는 고집이 느껴진다는 점이다. 최근 10년 동안 현업에서 활동하면서 지켜보니, 우리나라 조경 공간의 식재 수종은 참 부지런히 바뀌어 왔다. 몇 년 전에는 억새, 새풀, 수크령, 털수염풀 같은 그라스 수종이 판을 치다가, 언젠가는 가지가 여러 갈래로 뻗는 나무다간 수형을 선호했던 시기도 있었다. 도쿄의 조경 공간을 둘러보면서 억새와 수크령을 거의 볼 수 없다는 점이 특이하게 느껴졌다. 이는 환경에 맞는 식물을 잘 선택하려고 했기 때문이기도 하겠지만, 나름의 고집을 가지고 그 장소에 필요한 조경 공간을 고민하고 만든 것이 아닌가 싶다. 오모테산도 지역 뒷골목의 노노아오야마나 도쿄월드게이트 건물의 공개공지에 조성된 작은 공원을 보면, 인위적으로 치장하지 않고, 자연 그대로의 모습을 잘 담아내려고 노력한 조경 공간이라는 사실을 알 수 있다. 오래전부터 그 자리를 지키고 있던 나무를 잘 보존해 그 나무를 중심으로 숲정원을 만들고, 적절한 간섭정원 관리를 통해 계속 그 모습을 유지하고 있어 배울 점이 많다고 생각했다(사진 7·8).

한번 맛있는 음식을 먹고 나면 시간이 지나도 그 음식이 또 생각나는 것처럼, 한번 다녀온 조경혹은 정원 공간도 그렇다. 그 공간이 지금과는 다른 계절에는 어떤 모습일까 궁금해하며 다시 가 보고 싶다는 생각이 든다면, 그 공간은 사람을 끄는 매력이 있다는 의미 아닐까. 이 책에서 소개하는 조경 공간들이 대부분 그런 곳이다. 친구들과 함께했던 우정여행 중에 너무 짧게 둘러본 긴자식스의 옥상공원이 눈에 밟혀, 두 달 뒤 팀을 모집해 답사를 다녀 왔다. 그리고 지금 이 책을 읽고 있는 분들에게 도쿄 도심 조경의 매력을 소개하기 위해 그 이후로도 몇 번 더 다녀왔다. 그중에 가장 좋았던 것은 여행을 온 학교 선배를 만나 커피를 사들고 백화점 옥상정원에 올라 해가 지

는 모습을 보며 이런저런 이야기를 나누었던 시간이다.

조경 공간이나 정원식물에 관심이 있어 답사 차원에서 이 책에 소개한 장소를 둘러보는 것도 좋지만, 조경 공간은 그 안에서 '쉬고 즐길 수 있어야 한다'는 사실을 잊지 않았으면 한다. 여행에서 맛집 방문과 쇼핑은 **빼놓을** 수 없는 중요한 일이지만, 시간이 허락된다면 먹을거리를 사들고 이 책에서 소개하는 '녹색 공간'으로 발걸음을 돌려보자(사진 9). 근처에 사는 현지인처럼 아주 천천히 공원을 산책하며 따스한 햇살과 바람을 즐기고, 초록빛으로 가득 찬 공간을 여유 있게 둘러 본 후, 벤치에 앉아 한가롭게 시간을 보내 보자. 이렇게 하는 것이야말로 조경 공간을 가장 잘 즐기는 비결이라 생각한다. 여행을 떠났다면, 우울했던 지난주, 앞으로 다가올 출근길과 야근, 이런 생각보다는 지금 현재를 충분히 즐길 수 있었으면 좋겠다.

주오구中央区

긴자식스가든 GINZA SIX Garden

긴자銀座역

☆
두 개의 엘리베이터 중 13층까지 운행하는 남쪽 승강기를 이용해야 한다. 벚꽃이 피는 계절에 가게 된다면 이 숨은 '꽃놀이' 장소를 방문해보자.

긴자식스는 일본에서 가장 비싼 땅이라는 부동산적 특성상 새로운 쇼핑몰이 생기기 어려운 긴자에 비교적 최근 2017년에 오픈한 쇼핑몰이다. 루이비통, 디올 등 수많은 명품 브랜드를 소유한 LVMH가 투자한 곳이다 보니 고급 브랜드의 매장이 1층 전면부에 화려한 모습으로 입점해 있다. 이 건물 13층에 옥상정원이 조성되어 있는데, 첫인상은 생각보다 아주 심플한 느낌이다. 다양한 이벤트를 할 수 있는 잔디밭을 중심으로 양쪽에 크고 작은 나무가 심겨 있고, 그 아래에 휴게공간이 있다.

정원 전체적으로 벚나무, 느티나무, 꽃산딸나무미국산딸나무, 무늬호랑가시나무, 대만뿔남천, 산수국, 무늬쥐똥나무, 만병초 등의 나무가 심겨 있으며, 초본류로는 다양한 종류의 고사리, 머위, 수호초, 백리향, 체리세이지, 맥문동, 대상화추명국, 호스타 등이 눈에 띈다. 여타 정원과 다른 긴자식스가든의 가장 두드러진 특징은 식물이 가지고 있는 잎의 다양한 질감과 색을 잘 고려해 심었다는 점이다. 그렇기 때문에 꽃이 피지 않는 계절에 방문해도 볼거리가 충분하며, 나무 아래 벤치에 앉거나 평상에 누워 있으면 백화점 옥상이 아니라 조용한 숲 안에 있는 듯한 느낌을 받을 수 있다. 이와 상반되게 아래층과 연결되는 계단 벽면에는 철제박스를 설치한 후, 측백나무, 마삭줄, 무늬아이비, 보스톤고사리, 난 종류 등을 풍성하게 심어 현대적이면서도 감각적인 느낌의 수직정원을 조성했다.

1. 긴자식스가든의 상징인 수직정원 2·3. 숲속에 들어와 있는 듯한 공간감을 느낄 수 있다 4. 잔디밭 5. 시내와 하늘을 동시에 볼 수 있는 휴게 공간

긴자소니파크 Ginza Sony Park
긴자역

소니빌딩은 1966년 소니 창립자 중 한 명인 모리타 아키오가 지은 건물이다. 조성 초기부터 사람들에게 개방하는 공공공간을 마련해 놓았는데, 모리타는 그곳을 '긴자의 정원'이라 불렀다. 창업자의 생각을 계속 이 공간에 반영하고 싶었던 소니 측은 이곳을 사람들이 부담 없이 드나들며 즐길 수 있고, 도시에 새로운 리듬을 만들어 내는 공간으로 만들기 위한 프로젝트를 시작했다. 우선 2018년부터 2021년까지 철거 중인 건물을 공원으로 조성하는 실험을 진행했고, 2024년 8월 15일에 프로젝트의 최종 형태인 긴자소니파크가 완성되어, 2025년 1월에 공개되었다.

지상 층에 있는 아트리움 공간은 여러 방향의 건널목에서 들어오는 사람들이 자연스럽게 통과할 수 있도록 만들어져 있어 약속 장소로도 훌륭하며, 지하층에서부터 5층까지 개방감 있는 계단을 통해 오를 수 있도록 되어 있다. 각 층마다 전시를 진행하고 있으니 홈페이지 www.sonypark.com를 미리 확인하고 방문해 보자. 가장 위층에 가면 녹색으로 가득 차 있는 공간은 아니지만 작은 쉼터가 조성되어 있으며, 바로 옆 에르메스 건물을 눈앞에서 볼 수 있는 호사를 누릴 수 있다.

1. 2025년 1월, 리뉴얼을 마친 모습 2. 기획 전시 3. 지상층과 아트리움 공간 4. 옥상층에 마련된 작은 쉼터와 에르메스 건물

> 주오구

긴자미쓰코시 옥상정원 銀座三越 屋上庭園

긴자역

오랜 역사를 자랑하는 미쓰코시백화점의 옥상정원은 도쿄 여행 중 반드시 가 보아야 할 장소는 아니지만, 그렇다고 그냥 지나치기에는 조금 아쉬운 곳이다. 쇼핑 공간이 빼곡히 줄지어 있는 긴자 거리에 자리한 건물 중 비교적 나이가 든 곳이다 보니, 백화점 11~12층의 식당가는 점심시간에 방문해도 다소 한산한 분위기다. 꼭 가서 먹어 보아야 할 맛집이 있는 것은 아니지만, 기본 이상의 음식을 조용한 분위기 속에서 즐길 수 있다는 장점이 있다.

옥상정원은 식사 후에 산책도 하면서 오후 쇼핑 일정에 관한 '전략회의'를 하기 좋은 곳이다. 넓은 잔디밭을 중심으로 수국을 비롯해 계절별로 피어나는 다양한 꽃을 즐길 수 있는 작은 화단과 신사가 있으며, 덱으로 이루어진 산책로를 걷다 보면 긴 의자 뒤쪽으로 라벤더로 가득 차 있는 화단도 만날 수 있다. 한쪽 구석에는 식당가에서 사용하는 듯한 채소와 허브가 자라고 있는 텃밭이 있어 눈길을 끈다.

1. 12층 테라스에서 내려다 본 11층 옥상정원 2. 잔디밭 3. 라벤더 화단 4. 텃밭

주오구

주케츠도 긴자 가부키자점 寿月堂 銀座 歌舞伎座店

히가시긴자東銀座역

☆

일본 최초의 백화점인 미쓰코시백화점, 긴자식스, 긴자의 중심이라 할 수 있는 주오도리와 하루미도리 교차로에 위치한 와코백화점, 일본의 전통 공예 디자인인 에도기리코를 모티브로 한 건축으로 유명한 도큐플라자 등 긴자에는 유명 쇼핑 명소들이 밀집해있다. 쇼핑을 하지 않아도 옥상정원이 좋은 곳이 많아 식물과 정원을 사랑하는 사람이라면 좋아할 만한 곳이 너무 많다. 에도 시대 인형극 관련 인물들이 모여 살던 마을 닌교초人形町와 임신과 순산을 기원하는 스이텐구신사水天宮도 함께 들러 볼 만하다.

명품 브랜드숍과 고급 상업시설이 즐비하며, 땅값이 비싸기로 소문난 지역인 긴자에서 잠시 녹색 풍경을 즐기며 쉬어가기 좋은 곳이다. 주케츠도 긴자 가부키자점은 일본 전통 공연예술인인 가부키를 관람할 수 있는 가부키자歌舞伎座 안에 있는 정원 찻집이다. 1889년에 문을 연 가부키자의 현재 건물은 2013년에 건축가 구마 겐고의 설계로 지어졌다. 가부키를 보지 않아도 갤러리와 매점을 이용할 수 있으니, 5층 갤러리 안에 있는 주케츠도에서 일본 디저트와 말차 등을 즐기며 정원의 녹색 풍경을 눈에 담아 보자. 녹차소바, 녹차케이크, 말차피낭시에, 단팥죽 등의 일본 간식은 물론 오니기리 세트 같은 요기할 만한 메뉴도 있다. 오전 10시 30분부터 17시 30분까지 운영한다.

1. 찻집에서 바라본 정원 풍경 2. 가볍게 산책을 즐길 수 있는 정원

주오구

도쿄스퀘어가든 東京スクエアガーデン
교바시京橋역

10미터가 훌쩍 넘을 정도로 크게 자란 나무들이 건물을 둘러싸고 있을 뿐만 아니라, 2층·3층·4층의 테라스 공간에도 크고 작은 식물들이 풍성하게 자라고 있는 초록 가득한 인상적인 건물이다. 그래서인지 길을 걷다 보면 이쪽으로 자연스럽게 눈이 갈 수밖에 없다. 지하층에 무난하게 즐길 수 있는 식당들이 입점해 있으니 이 근처에서 숙박을 한다거나, 도쿄역에서 긴자 거리로 이동을 하는 중이라면 점심을 먹기에 좋다. 하지만 엄청난 맛집이 아님에도 불구하고 인근 직장인들이 몰리는 곳이니 12시~13시 사이에는 줄 설 각오를 해야 한다.

교바시역 3번 출구 쪽으로 나오면 '도쿄스퀘어가든'이라는 건물 이름에 걸맞게 식물이 가득한 작은 광장지하 1층을 만날 수 있다. 그곳을 지나쳐 지상 1층으로 오르면, 우리나라보다 조금 더 저렴하면서도 훨씬 다양한 상품을 구경할 수 있는 일본 아웃도어 브랜드 몽벨 매장이 2개 층에 입점해 있다. 아웃도어 용품과 옷에 관심 있는 사람이라면 꼭 방문해야 할 곳으로, 생각보다 매장이 넓어 꼼꼼하게 살피다 보면 두 시간 정도는 쓱 지나가는 마법 같은 곳이다. 다만, 단독 매장이다 보니 면세 혜택은 받지 못한다.

1. 건물 전면부 2. 교바시역 3번 출구 지하층 광장 3. 몽벨 매장 옆 1층 외부 엘리베이터로 갈 수 있는 3층 휴게 공간
4. 싱그러운 거리 녹지

더팜유니버설 긴자 The Farm UNIVERSAL GINZA

긴자잇초메銀座一丁目역

☆
미나미마치다그란베리파크南町田グランベリーパーク 쇼핑몰 안에 있는 큰 매장은 시내(도쿄역 기준)에서 대중교통으로 한 시간 이상 소요되니 가 보고 싶다면 여행 스케줄을 짤 때 거리를 고려해야 한다(268쪽 참조). 근처에 스누피뮤지엄이 있어 스누피 팬이라면 함께 들러 보면 좋다.

오사카, 지바, 도쿄에 가든센터를 운영하는 더팜유니버설의 '편의점 버전' 매장이다. 일본 여행을 할 때 많이 들르는 생활용품 판매점인 로프트LOFT 긴자점 1층에 위치하여 접근성은 좋으나 규모가 아주 아담해 조금 아쉬울 수도 있다. 하지만 언제나 사람들로 북적이는 긴자라는 지역에서 잠시나마 싱그러운 식물을 볼 수 있는 오아시스 같은 곳이다. 요즘 일본에서 가장 인기 있는 실내식물이 무엇인지 트렌드를 파악할 수 있을 뿐만 아니라, 우리나라에서 지금 유행하고 있는 실내식물과도 비교할 수 있어 실내 정원에 관심 있는 사람들은 가볍게 방문해 보는 것도 좋겠다.

1. 거리에서 바라본 매장 2. 다양한 실내식물과 원예용품을 만날 수 있는 매장 내부 3. 식물 키우는 방법을 안내하는 태그

주오구

미쓰코시백화점 니혼바시 본점 옥상정원 日本橋三越 本店 屋上庭園

미쓰코시마에三越前역

미쓰코시백화점 니혼바시 본점은 1935년에 세워진 일본 최초의 백화점이다. 딱히 살 물건이 없어도 100년이 넘은 건물 안과 밖을 구경하는 것만으로도 흥미롭다. 백화점 입구에는 약속 장소로도 유명한 라이온 동상이 있는데, 어려움을 이겨 내고 싶다는 마음을 담아 사자 앞발을 만지는 사람들이 많아 그 부분만 윤이 난다. 백화점 입구에 들어서면 백화점의 상징이기도 한 거대하고 화려한 '여신상'이 손님들을 맞이한다. 미쓰코시 탄생 50주년을 기념해 수백 년 된 고목으로 만든 조형물이라고 한다.

유서 깊은 이 건물에도 근사한 옥상정원이 있다. 사각형의 연못과 넓은 잔디밭, 덱으로 된 산책로를 둘러싼 크고 작은 나무들을 보고 있으면 정원의 완숙미가 느껴진다. 연못 안에 감각적으로 배치한 돌과 작은 분수가 쉼 없이 만들어 내는 동그란 물결을 보고 있으면, 도쿄 시내 한복판이라고 느껴지지 않을 만큼 편안한 마음이 든다. 이 정원의 대표 수종으로는 느티나무, 백목련, 산딸나무, 생강나무 등이 있다. 산책로를 따라 걷다 보면, 분재를 파는 작은 매장과 신사도 있어 일본 특유의 감성도 함께 즐길 수 있다. 다른 백화점 옥상정원과 달리 햇빛과 비를 막아 주는 넓은 지붕이 있고, 그 아래에 넉넉한 수의 야외 의자가 놓여 있어 점심시간에는 많은 사람이 이곳을 찾아 식사도 하고 쉬어 가는 모습을 볼 수 있다.

1. 연못 2. 그늘 쉼터 3. 산책로와 분재 매장 4. 라이온 동상이 있는 백화점 입구 5. 여신상

| 주오구 |

코레도무로마치테라스 게야키광장 COREDO室町テラスけやき広場
미쓰코시마에역, 신니혼바시 新日本橋역

☆
이곳에 입점한 대만의 서점·생활용품 브랜드 '에슬라이트 스펙트럼 Eslite Spectrum'도 이 건물을 꼭 방문해야 할 이유 중 하나다. 일본 쓰타야서점의 롤 모델이라는 소리를 듣는 브랜드의 숍이다.

거대한 큰 유리 지붕으로 덮인 야외광장으로, 관광객보다는 현지인이 더 많이 몰리는 곳이다. 누구나 자유롭게 이용 가능한 테이블과 의자가 곳곳에 놓여 있어 지친 다리를 잠시 쉬었다 가기 좋고, 다양한 메뉴의 음식을 파는 식당이 들어서 있어 식사 장소로도 훌륭하다. 특히 1층 식당 테라스 자리 전면부에 큰 나무들이 빼곡히 자리하고 있어, 야외 좌석에 앉아 먹으면 숲속에서 식사하는 듯한 기분을 느낄 수 있다.

 광장 주변으로 단풍나무, 산딸나무, 떡갈나무, 종가시나무, 수국 등 우리나라의 공공 공간에서는 쉽게 볼 수 없는 자연스러운 수형의 나무들이 보이며, 광장 옆에는 아주 크고 가지를 많이 뻗은 독특한 모양의 느티나무와 그 나무를 둘러싼 인상적인 휴게 쉼터가 있으니 놓치지 말고 꼭 구경하자. 광장 이름에 들어간 '게야키'는 느티나무라는 뜻이다. 이 일대는 가로수로 왕벚나무가 줄지어 있어 벚꽃 시즌에 여행 중이라면 일부러 들러야 할 장소다.

1. 거대한 유리 지붕 2·3. 야외광장 4. 멋진 수형의 느티나무 5. 도보 가능 거리에 있는 후쿠토쿠신사

주오구

하마리큐은사정원 浜離宮恩賜庭園
시오도메 汐留역

☆
도쿄의 유명 수산시장인 쓰키지시장, 대형 쇼핑몰 어번독라라포트토요스, 미디어아트 작품을 주로 전시하는 미술관 팀랩플래닛도쿄, 크루즈 수상버스를 이용하기 위해 가야 하는 다케시바여객터미널 등이 근처에 있는 볼거리다. 구 시바리큐은사정원도 가까운 곳에 있으니, 일본 전통정원을 좋아한다면 함께 들러 보자.

에도 시대 정원으로 도쿠가와 가문이 소유했다가 메이지유신 이후에 일본 왕실의 별궁이었고, 현재는 국가 지정 특별명승으로 일반에게 공개되고 있다. 전체적으로 연못과 두 곳의 오리 사냥터가모바, 네 개의 찻집오차야이 있다. 애니메이션 〈언어의 정원〉의 배경으로도 유명한 이 정원 중심에는 '시오이리潮入'라는 이름의 거대한 연못이 자리하고 있다. 이 연못은 도쿄도에 있는 에도 시대 정원 중 유일한 해수연못으로, 도쿄만의 바닷물이 정원으로 들어온다.

이 연못에는 마치 연못에 둥둥 떠 있는 것 같은 고풍스러운 찻집 나카지마노오차야中島の御茶屋(섬 한가운데의 찻집이라는 의미)가 있다. 정원 산책을 하다가 관광객들에게 특히 인기 있는 이 찻집에서 화과자와 말차도 즐겨 보자. 이 찻집에 가려면 편백히노키으로 만든 100여 미터 길이의 다리 오쓰타이바시お伝い橋를 지나야 한다. 다리 위에서 찻집과 연못, 정원 풍경, 일본을 대표하는 대기업들의 본사가 모여 있는 시오도메의 고층 빌딩이 만들어 내는 스카이라인을 음미해 보자. 300여 년 전에 심었다는 소나무와 느티나무 등 오래된 교목이 많으며, 매실나무와 벚나무도 많아 봄에 꽃놀이를 즐기러 오는 이들도 많다. 여름에는 꽃창포와 수국이 풍성하게 꽃을 피우며, 가을 단풍도 아름다워 단풍 시즌에도 인파로 붐빈다. 입장료는 300엔이다.

1. 차를 즐길 수 있는 나카지마노오차야와 오쓰타이바시 2. 2018년에 복원된 매(鷹) 오차야 3. 2010년에 복원된 제비(燕) 오차야 4. 멋진 수형의 소나무 5. '300년의 소나무'

지요다구千代田区

도쿄역 東京駅

도쿄역

☆

도쿄역은 세계 어느 도시의 역보다 내부가 복잡하게 얽혀 있다. 하지만 일본어·영어·한국어로 안내가 잘 되어 있으니 눈을 크게 뜨고 다니면 헤맬 일이 없다. 다만, 두 개의 입구 이름(야에스, 마루노우치)은 정확하게 알고 있어야 원하는 방향으로 갈 수 있다. 그리고 역 내부에 각 입구와 연결되는 통로가 있으니 외부로 돌지 말고 그곳을 통과하면 된다.

야에스八重洲 쪽 입구는 다이마루백화점과 고층 빌딩들이 바로 마주하고 있어 언제나 사람들로 북적인다. 공항행 리무진을 탈 수 있는 터미널이 야에스 쪽 입구에 있다 보니 이곳으로 오는 방법을 잘 알아 두면 좋다. 외부에서 계단을 오르면 2층 테라스 공간에 테이블과 의자가 곳곳에 놓여 있는 그란루프가든이 있다. 기차나 버스를 기다릴 때 복잡한 역 내부보다는 이곳에 머무르면 좋다. 이동형 플랜터 안에 작은 나무와 풀이 심겨 있고, 벽면에도 식물들이 무성하게 자라고 있어 식물 '덕후'에게는 좋은 구경거리도 된다. 서울에서는 실내에서만 자랄 수 있는 다양한 식물들이 야외에서 자라는 모습이 이색적이다. 일부 자리에는 콘센트가 마련되어 있어 전자제품을 충전하기에도 좋고, 식물들로 둘러싸인 공간에 누워 있을 수 있는 형태의 의자도 있어, 시간 여유가 있다면 도심 한복판에서 잠시 낮잠을 즐길 수도 있다.

마루노우치丸の内 쪽 입구로 나오면 옛 도쿄역의 모습을 전면에서 볼 수 있는 광장이 나온다. 전 세계에서 찾아온 수많은 사람이 도쿄역을 배경을 사진을 찍고 있으니 '나 홀로' 여행 중이라고 해도 지나는 관광객에게 어렵지 않게 사진을 부탁할 수 있다. 이곳은 오래전부터 역사가 깊은 곳으로 다양한 상업 공간과 쇼핑 공간이 몰려 있을 뿐만 아니라, 고쿄皇居로 가는 길목이다. 도쿄역사를 나온 후 현재의 도쿄를 즐길지, 혹은 에도 시대로 갈지 방향을 잘 정하고 움직이자.

1. 마루노우치 방면 도쿄역사 2. 야에스 방면 입구 광장 3. 외부 계단 옆 벽면 녹지 4·5. 외부 계단을 통해 2층으로 오르면 이용할 수 있는 그란루프가든

도키와바시타워 · 도쿄토치테라스 常盤橋タワー · TOKYO TORCH Terrace
도쿄역

도쿄역 북쪽 방면으로 나오면 마주할 수 있는 공간으로 특별한 볼거리가 있는 것은 아니지만, 니혼바시 지역으로 걸어서 이동하는 중간에 들러 한적하게 식사를 하거나 커피 한잔 마시기 좋은 곳이다. 도키와바시타워 건물 지하 1층부터 3층까지는 식당가와 쇼핑몰이 자리한 도쿄토치테라스이며, 그 건물 앞 외부에 조성된 작은 공원이 도쿄토치파크다. 도쿄토치파크에서는 주중 점심시간에 이색적인 음식을 판매하는 '푸드트럭 스트리트'가 열리니, 관심 있는 사람은 한번 들러 보자. 월별·요일별로 나오는 푸드트럭이 다르니 메뉴를 미리 확인한 후에 방문하면 좋다. 그 외에도 마루노우치 지역 관광 정보 사이트(www.marunouchi.com)에 들어가 보면 상시 열리는 다양한 이벤트를 확인할 수 있다.

공원 안에는 아이들이 뛰어놀 수 있는 공터와 놀이터가 있으며, 조금 더 위로 올라가면 고가도로 하부에 니시키고이노오요구이케錦鯉の泳ぐ池라는 이름의 잉어몸에 주황색 무늬가 있다가 살고 있는 작은 연못과 정성껏 가꾼 정원이 있다. 맛있는 음식을 팔고 있는 푸드트럭과 아이들이 놀 수 있는 공간이 함께 있으니 가족과 함께 여행하는 사람들에게 특히 좋은 장소다.

1·2. 야외 좌석이 있는 식당가(좌측)와 도쿄토치파크(우측) 3. 도쿄토치테라스 입구 4. 잉어가 살고 있는 작은 연못과 정원

지요다구

키테가든 KITTE Garden
도쿄역

도쿄역에서 마루노우치 쪽 광장으로 나와서 왼편을 보면 흰색 타일로 멋지게 마감된, 과거 도쿄중앙우체국으로 사용하다가 리뉴얼한 건물이 있다. 우체국이었던 건물이라 건물 이름이 '우표'가 되었다(일본어로 '깃테切手'는 우표라는 뜻으로 발음이 '오세요'와 비슷하다). 외부 광장에는 10미터 정도 높이의 계수나무가 줄지어 서 있어 가을에 방문하면 노랗게 물든 단풍뿐만 아니라, 흡사 솜사탕 냄새 같은 '달달한' 향기에 둘러싸이는 색다른 경험을 할 수 있다.

건물 내부에 들어서면 중앙이 통으로 비어 있는 독특한 구조다. 6층에 오르면 '키테가든'이라는 이름의 옥상정원이 있는데, 이곳에서는 도쿄역, 역 앞 광장, 마루노우치빌딩, 신마루노우치빌딩, 고쿄로 이어진 가로광장 등이 훤히 내려다보인다. 시원하게 뻗은 덱과 잔디밭, 깔끔한 디자인의 벤치로 이루어진 공간으로, 도쿄를 방문하는 이들이 이 일대의 야경 사진을 찍기 위해 이곳에 많이 올라온다. 입장료는 무료이나 날씨에 따라 개방하지 않을 수 있으니 구글맵에서 확인한 후에 방문하는 것이 좋다. 삼각대 사용은 금지하고 있다.

1. 키테가든의 오픈 스페이스 2·3. 깔끔하게 정돈된 옥상정원 4. 건물 앞 계수나무광장

> 지요다구

마루노우치브릭스퀘어 丸の内ブリックスクエア
도쿄역

☆
마루노우치 지역은 도쿄역과 더불어 일본의 수도를 대표하는 얼굴이라고 할 수 있다. 이 지역의 땅 70퍼센트 정도를 미쓰비시그룹이 소유하고 있다고 하며, 이 지역의 도시·지역개발에 관한 자세한 이야기는 《도쿄를 바꾼 빌딩들》(박희윤)에 상세히 나와 있다.

메이지 시대 최대 재벌이었던 미쓰비시는 런던의 롬바드 스트리트를 벤치마킹해 영국의 조시아 콘더Josiah Conder의 설계로 1894년에 마루노우치 최초의 오피스 빌딩인 미쓰비시 1호관을 세웠다. 시간이 흘러 건물이 노후하자 이 낡은 건물을 해체하고 2010년에 옛 모습과 거의 비슷하게 복원해 미술관으로 이용하고 있다. 멋지게 복원된 고풍스러운 붉은 벽돌 건물 미술관은 19세기 유럽 회화를 볼 수 있는 미쓰비시이치고칸미술관三菱一号館美術館이며, 이 건물과 마루노우치파크빌딩을 끼고 마루노우치브릭스퀘어가 자리하고 있다.

이 복합문화공간은 벤치에 앉아 잠시 여유를 즐길 수 있는 곳이다. 크고 작은 나무들과 사계절 푸르른 잎을 가진 식물들이 가득 찬 정원에는 조각품과 수경시설도 함께 있어 한가롭게 녹음을 즐기기에 아주 좋다. 특히 식물로 뒤덮여 있는 마루노우치파크빌딩 기둥이 인상적이다. 미술관 건물 1층에 있는 카페 Café 1894도 들러 보자. 100여 년 전으로 돌아가 시간 여행을 하고 있는 듯한 느낌을 받을 수 있는 멋진 장소다.

1. 고풍스러운 미쓰비시이치고칸미술관 2. 마루노우치브릭스퀘어 입구 3·4 잠시 여유 시간을 갖기에 좋은 공간
5. 식물로 뒤덮인 건물 기둥

| 지요다구 |

더카페바이아만 · 오테마치노모리 The Cafe by Aman · 大手町の森

도쿄역, 오테마치大手町역

☆
가능하면 카페는 예약을 하고 이용하는 것이 좋다. 혹시 하지 못했더라도 테라스 석은 여유 있게 이용할 수 있다.

도시가 생기기 전, 이 지역에 있었을 '자연 그대로의 숲'을 재현하기 위해 오테마치 일대의 기온과 기후를 철저하게 조사했고, '해변' 혹은 '사면지'에서 잘 자라는 나무와 풀이 적합하다고 판단하여 심어야 할 식물로 선택했다고 한다. 그 후에 오테마치와 같은 환경인 다른 땅에서 3년간 나무와 풀을 키워 숲을 만든 후, 그 숲을 그대로 이곳에 이식해 '오테마치의 숲'을 조성했다. 그렇다 보니 '예쁘게' 만들어진 정원이 아니라, 자연에서만 볼 수 있는 다소 야생적인 느낌의 정원을 즐길 수 있다.

점심시간에 방문하면 이 일대 회사원들이 전부 나와 의자를 차지하고 있으니, 조금 이른 시간에 방문해 보자. 이 '숲정원'을 가장 호화롭게 즐길 수 있는 방법은 '더카페바이아만'의 야외 테이블 석이다. 커피 값 1200엔 정도이 다소 비싸게 느껴지더라도 한번 쯤은 시도해 볼 만하다. 전 세계적으로 유명한 최고급 호텔 중 하나인 아만호텔에서 운영하는 카페라 코스로 나오는 점심 메뉴가 4000~5000엔 정도 한다. 도쿄 여행 중 특별한 추억을 만들고 싶다면 미리 예약하는 것을 잊지 말자구글맵에서 손쉽게 할 수 있다.

1. 숲속에 자리 잡은 듯한 더카페바이아만 2. 이름 그대로 숲(もり)의 일부를 옮겨 놓은 듯한 오테마치노모리

우치사이와이초광장 內幸町広場

우치사이와이초역

야외 조각에 관심이 있는 사람이라면 일부러 시간을 내서 방문할 만한 작은 광장으로, 고시미즈 스스무小淸水漸의 '쿠프린의 작은 배クーフリンの小舟'라는 독특한 형태의 의자와 '땅의 가시/돌의 꽃地の棘/石の華'이라는 강렬한 붉은 색상의 작품이 광장 안에 설치되어 있다. 작품을 보기만 하는 것이 아니라, 앉을 수도 있고 손으로 만질 수도 있다. 볼거리가 많은 곳은 아니지만, 지형 차이를 잘 활용하여 조성한 전체 공간의 모습이 인상적이며, 바닥 포장과 가벽, 벤치 등 시설물의 디테일도 훌륭하다 보니 건축 혹은 조경에 관심이 있는 사람이라면 놓치지 말고 방문해 보자.

1. 고시미즈 스스무의 작품 '땅의 가시/돌의 꽃' 2. 휴식할 수 있는 광장

히비코쿠테라스 HIBIKOKU TERRACE

우치사이와이초역

시원한 음료를 마시며 뜨거운 햇빛을 피하기 좋은 오피스 빌딩 지하 1층의 오픈 스페이스다. 식물 구성이 훌륭하거나 차분하게 정돈된 다른 공공 공간과는 다른 독특한 디자인의 야외쉼터로, 체스판 같은 바닥 패턴이 인상적인 곳이다. 인조 잔디를 덮어 마감한 특이한 형태의 벤치, 화분에 심는 크고 작은 나무들로 구성되어 있다 보니 흡사 동화책 속에 들어온 듯한 느낌을 준다. 관광객보다는 잠시 나와 쉬고 있는 근처 회사원들이 더 많이 보이는 분위기로, 지하 1층 건물 내부에 스타벅스 커피가 입점해 있으니 이 일대를 지나게 되면 커피 한잔 하며 쉬어 가 보자.

체스판을 연상시키는 독특한 야외쉼터

지요다구

고쿄皇居 주변

도쿄역, 오테마치역, 니주바시마에二重橋前역, 다케바시竹橋駅역

☆
꼭 고쿄 내부가 보고 싶다면 여행 떠나기 전에 사전 예약에 도전해 보자. 하지만 언제나 인기가 높아 예약이 쉽지가 않다. 예약에 성공하지 못했다면 현장에서 기다려서 티켓을 받을 수도 있다. 고쿄히가시교엔과 가까운 기코몬桔梗門에서 오전 9시, 오후 12시 반에 번호표를 배부한다. 입장료는 무료. 사전 예약 sankan.kunaicho.go.jp

도쿠가와 막부의 에도성이었던 고쿄는 메이지유신 이후 일왕이 교토에서 이곳으로 이주해 거주하면서 일왕의 거주지가 되었다. 제2차 세계대전 이후에 지금의 이름인 '고쿄'가 되었고, 미국의 공습으로 망가진 건물은 1968년에 재건했다. 일왕이 거주하는 고쿄 주변은 도쿄의 상징적인 역사문화 공간이자 대규모 녹지대다.

고쿄는 창덕궁 후원비원처럼 가이드와 함께 한정된 인원만 들어갈 수 있어서 관람하려면 아주 일찍 사전 예약을 하거나, 하루에 두 번 배포하는 당일 관람권을 받기 위해 일찍부터 줄을 서야 한다. 잘 관리된 도시 공원에서 여유 있는 산책을 즐기고 싶은 사람이라면 고쿄 옆에 있는 고쿄가이엔, 고쿄히가시교엔, 기타노마루코엔만 구경해도 좋다.

고쿄가이엔皇居外苑

고쿄과 고쿄 주변 공원은 깔끔하게 관리된 잔디밭과 엄청나게 많은 소나무, 봄에는 벚꽃, 가을에는 단풍으로 유명하다. '일본의 국민공원' 고쿄가이엔은 주로 고쿄마에광장 부근을 가리킨다. 특히 조깅 하는 사람들에게 인기 있는 장소라 언제 가도 달리는 사람을 만날 수 있다. 고쿄가이엔에서 조금만 가면 고쿄 정문이 나오는데, 해자垓字, 성벽 주변에 인공으로 땅을 파서 고랑을 내거나 자연하천을 이용하여 적의 접근을 막는 성곽시설를

가로질러 세워진 다리 '니주바시이중교, 二重橋'는 대표적인 '포토 존'이다. 안경다리메가네바시라고도 부르는 돌다리와 그 뒤에 철교가 있다. 이 니주바시는 일제강점기 의열단 김주섭이 폭탄을 던진 곳이라성공하지는 못했지만 한국인들에게는 특별한 다리다. 이 다리 뒤로 보이는 감시 망루까지 보이게 해서 사진을 찍는 사람이 많다. 옛 에도성의 문 중 하나로 국가 중요문화재로 지정된 사쿠라다몬櫻田門도 주요 볼거리다. 고쿄 주변의 깊고 넓은 해자 주변 길은 벚나무가 서 있는 길이라 봄에 무척 인기가 높다.

대표적인 포토 존 니주바시와 해자

지오다구

고쿄히가시교엔 니노마루정원 皇居東御苑 二の丸庭園

☆.
니노마루정원만 볼 계획이라면, 에도 시대에 주 출입문이었던 오테문이 아니라 다케바시역에서 내려서 히라카와문으로 들어가는 것이 가장 빠르다. 입장료도 없고 예약도 필요 없지만 하루 입장객 수가 제한되어 있으니 서두르는 것이 좋다. 들어갈 때 간단한 가방 검사도 진행한다. 월요일과 금요일은 문을 닫는다.

고쿄 동쪽에 자리한 왕실 정원인 고쿄히가시교엔은 에도성의 일부였던 니노마루 구역에 자리 잡고 있다. 에도성 가장 안쪽에 있었던 두 방벽 혼마루와 니노마루, 세 번째 방벽인 사노마루의 일부가 있는 곳이다. 도심 한복판이라는 사실을 잊을 수 있는 잡목림, 다양한 종의 대나무를 식재한 대숲 산책도 할 수 있고, 잘 관리된 장미원이나 과실수 옛 품종을 모아 놓은 곳, 봄에 화려한 '꽃잔치'를 벌이는 매실나무 언덕도 있다. 일본의 광역지방공공단체인 도都, 도道, 부府, 현県을 묶어 '도도부현도도후켄'이라 하는데, 이곳에 가면 전국 도도부현을 대표하는 나무들을 모아 놓은 곳이 있어 나무에 관심 있는 사람들이라면 관심 있게 살펴볼 만하다(예를 들면 도쿄도의 나무는 은행나무, 나가노현의 나무는 자작나무).

고쿄히가시교엔의 인기 장소는 도쿠가와 막부의 9대 쇼군 시대에 그려진 그림을 참고해 1968년에 복원한 에도 시대 정원인 니노마루정원이다. 지천회유식 정원이라 니노마루연못을 중심으로 풍광을 감상하도록 설계되어 있다. 봄에는 산철쭉, 초여름에는 꽃창포, 가을에는 단풍, 겨울에는 동백나무 등 사계절 꽃을 즐길 수 있다. 식물이 많은 곳에는 당연히 곤충이나 새도 모이는 법. 번잡한 도쿄의 금융가 빌딩숲이 바로 옆에 있다는 것을 잊고 여유 있는 시간을 보낼 수 있는 아름다운 녹색 쉼터다.

1. 잔디광장 2. 니노마루정원의 초여름을 장식하는 꽃창포원 3. 니노마루연못 4. 대숲 산책로 5. 니노마루정원으로 들어갈 수 있는 문

지요다구

지도리가후치 산책로 千鳥ヶ淵緑道

구단시타九段下역, 한조몬역

고쿄 둘레의 해자를 따라 길이 약 700미터 정도 이어지는 산책로다. 말 그대로 '녹색길緑道'이다. 이 길은 도쿄에서 손에 꼽는 벚꽃길이다. 다양한 종의 벚나무가 약 260그루 식재되어 있어, 물과 성벽을 배경으로 환상적인 분홍빛 풍경을 선사한다. 벚꽃 시즌이 되면 밤에도 환하게 불을 밝혀 조명을 받은 벚꽃이 더욱 아름답게 빛난다. 보트를 대여해서 배에서 꽃놀이를 할 수도 있다. 벚나무는 단풍철에 잎이 예쁘게 변하기 때문에 가을에도 아주 운치 있는 길로 만들어 준다. 물론 벚꽃 시즌에는 피어난 꽃만큼 많다는 '사람' 구경도 강제로 해야 한다.

기타노마루공원 北の丸公園

구단시타역 근처 고쿄가이엔 북쪽 지구에 있는 기타노마루공원 역시 과거 에도성의 일부로, 도쿠가와 막부 시대에 쇼군의 친인척들이 거주하던 곳이다. 메이지유신 이후에는 근위사단의 사령부가 있었고, 제2차 세계대전 이후 공원이 되어 일반에게 공개되고 있다. 옛 에도성의 출입문 중 다야스몬田安門은 고쿄 북쪽에 있는 기타노마루공원 안의 부도칸武道館, 실내 경기장이지만 대규모 콘서트장으로 유명 쪽으로 들어가는 입구에 위치해 있는데, 국가 중요문화재다. 메이지 시대 초기 작품을 많이 소장하고 있는 도쿄국립근대미술관도 이곳에 자리하고 있다. 연못 부근에는 단풍나무가 많이 식재된 곳이 있는데, 단풍철이 되면 떨어진 낙엽이 만드는 '레드 카펫'이 매우 환상적이다.

마루노우치 丸の内 지역

도쿄역, 니주바시마에역, 유라쿠초有楽町역

☆
아래의 루트로 돌아보자.
고쿄가이엔(92쪽) → 마루노우치 키테가든(84쪽) → 미쓰비시이치고칸미술관(카페 1894)(86쪽) → 마루노우치나카도리 → 더카페 바이아만(88쪽)

☆
일본 최초의 서양식 공원인 히비야공원도 산책하기 좋은 곳이다. 히비야공원 근처에 도쿄미드타운히비야라는 대형 쇼핑센터가 있는데 이 건물 6층에 있는 파크뷰가든에서 내려다 보는 히비야공원 풍경도 일품이다.

마루노우치는 고쿄히가시교엔 주변으로 수많은 고층 건물이 솟아 있는 도쿄의 비즈니스 지구다. 우리나라 서울역과 비슷한 분위기의 고풍스러운 붉은 벽돌 건물인 도쿄역은 지나가는 열차가 가장 많다는 일본 교통의 중심지이기도 해서 관광객들이 한 번쯤 거쳐 가야 하는 곳이기도 하다. 일본 최대 규모의 지하 쇼핑몰인 야에스지하상가 등 역 안에도 볼거리, 즐길거리, 먹을거리가 많아서 언제나 사람들로 북적인다. 미술에 관심이 있다면 국가 중요문화재인 역사 안에 있는 '도쿄스테이션갤러리'에 들러 보자. 전시 내용과 상관없이 역사가 세워질 당시 벽돌을 그대로 살린 2층 전시실이 특히 인기다.

　오랜 역사를 자랑하는 마루노우치빌딩도 유명하다. 1923년 미쓰비시그룹이 지은 건물로, 관동대지진과 제2차 세계대전 당시 공습에서도 살아남았다고 한다. 현재 빌딩은 2002년에 재건축되었다. 마루노우치에 늘어선 차가운 느낌

도쿄역 앞 광장

지요다구

☆
와다쿠라분수공원에는 친환경적인 디자인으로 유명한 스타벅스 고쿄점이 있는데, 이 점포에서만 파는 메뉴가 있다. 바로 와삼미쓰(和三蜜) 프라푸치노! 일본 전통 고급 설탕인 와삼미쓰와 식물 추출물, 플랜트 밀크(식물성 대체유)와 아몬드밀크를 베이스로 만들었다고 한다. 분수를 보면서 '물멍'을 할 수 있는 이 스타벅스 지점은 가을에는 단풍이 든 은행나무가 물에 비쳐 근사한 분위기를 만들어낸다.

의 고층 빌딩과는 분위기가 다른, 붉은 벽돌 건물과 유럽풍 작은 정원 등이 있는 마루노우치브릭스퀘어는 이 부근 산책을 할 때 잠시 쉬어 가기 좋은 곳이다.

도쿄 마루노우치 지역에는 가을의 정취에 흠뻑 젖을 수 있는 은행나무길이 많다. 히비야 해자는 고쿄가이엔을 둘러싼 참호의 일부로, 마루노우치와 히비야의 고층 빌딩들이 해자의 수면에 반사된 모습이 아름답기로 유명하다. 밤에는 담장의 조명과 물에 비치는 도시의 불빛 때문에 낮과는 다른 화려한 분위기를 연출해서 '야경 맛집'이 되기도 한다.

히비야 해자에서 10여 분 정도 걸어가면 도쿄역과 고쿄를 잇는 중요한 거리인 교코도오리行幸通り가 나온다. 일왕이 고쿄에서 도쿄역으로 이동할 때 이용되는 거리라 이런 이름이 붙었다. 이 거리에 있는 은행나무는 가을에 아름답게 물들어 차가운 오피스가에 온기를 더한다. 왕실 행사와 외국 대사의 신임장 봉정식 마차 행렬이 도쿄역에서 고쿄로 향할 때만 도로로 이용되며, 1961년 일왕 부부 결혼을 기념해 만들어진 와다쿠라분수공원도 도보 3분 정도 거리에 있다. 이 공원에서는 겨울에 일루미네이션 이벤트 '도쿄미치테라스'가 열리며, 웨딩 촬영 장도로도 많이 이용된다.

명품 숍과 테라스가 있는 세련된 카페, 예술 작품이 설치되어 있는 마루노우치나카도리丸の内仲通り도 고쿄 동쪽에 자리한 마루노우치 빌딩숲 속에서 사랑 받는 길이다. 느티나무, 참나무 종류, 계수나무, 소나무 등의 교목이 길가에 자리 잡고 있어서 여름에는 짙은 녹색 잎으로 시원함을 더하고, 가을에는 도심 속에서 단풍을 즐길 수 있게 해 준다. 겨울에는 아름다운 조명이 설치되어 사람들의 눈을 즐겁게 한다.

1. 히비야 해자 2. 와다쿠라분수공원과 스타벅스 고쿄점(왼쪽 돔 형태 건물) 3. 도쿄미드타운히비야 파크뷰가든

지요다구

소토보리공원 外濠公園
요쓰야四ツ谷역

에도성 서쪽 지역에 남아 있는 성곽 해자 주변으로 벚나무가 줄지어 서 있는 산책로로 유명한 공원이다. 요쓰야역 남쪽 부근에서 JR중앙선 이다바시역으로 쪽으로 해자를 따라 약 2킬로미터 길이로 길게 뻗어 있다. 점심시간에 가면 현지인들이 도시락을 먹거나 산책하는 모습을 자주 볼 수 있다. 벚나무 이외에도 느티나무와 단풍나무도 많아 가을이면 단풍을 즐길 수도 있다.

주변 관광지로는 유럽 네오바로크 양식으로 지어진 아카사카이궁赤坂離宮 영빈관이 있다. 일본에 온 국빈을 위한 건물로 사용되었다고 한다. 요쓰야역에서 영빈관 쪽으로 걸어갈 때 산책하기 좋은 백합나무길도 만날 수 있다.

또 들러볼 만한 곳으로는 애니메이션 〈너의 이름은〉 엔딩 신에 등장하는 스가신사須賀神社 옆 긴 계단이다. 붉은색 계단 손잡이를 잡고 '인증샷'도 남겨 보자. 요쓰야역에서 마루노우치선으로 한 정거장 더 가면 있는 요쓰야산초메역에서 내리거나, 소토보리공원에서 도보로 15분 정도 걸으면 나온다.

1. 소토보리공원 입구 2·3. 맞은편 상지대학(上智大学) 쪽으로 뻗어 있는 옛 성터 산책로 4. 아카사카이궁 영빈관
5·6 〈너의 이름은〉으로 유명해진 스가신사와 계단길

지요다구

이다바시강변 飯田橋川沿い

요쓰야역-이치가야市ヶ谷역-이다바시역

☆
강변 풍경을 보며 차나 음식을 즐길 수 있는 캐널 카페(Canal Cafe)도 인기 장소다. 고이시카와고라쿠엔(194쪽)도 근처에 있어 함께 들르면 좋다.

에도 시대 성 외곽 해자가 있던 자리에 또 추천할 만한 산책로가 있다. JR소부総武선 요쓰야역-이치가야역-이다바시역에 이르는, 간다강神田川을 따라 걷는 강변길이다. 이 길을 따라 걸으면 벚나무와 다양한 가로수들이 반겨 준다. 도쿄 현지인들이 퇴근길에 매일 운동 삼아 걷기도 하고, 느긋하게 산책하며 에너지를 충전하는 곳이라 도쿄에서 '힐링 산책'을 하고 싶은 이들에게 추천한다. 그다지 번잡스럽지도 않고 옛 정취도 느낄 수 있는 길이며, 밤에 보면 반짝거리는 스카이트리의 윗부분도 보인다. 요쓰야에서 이다바시까지 갔다면 과거 게이샤가 활약했던 시절을 상상해 볼 수 있는 옛 유흥가 가구라자카神楽坂도 들러 보자. 신사, 오래된 민가를 개조한 레스토랑부터 작은 소품 숍, 서점 등 걸으면서 재미있는 장소를 많이 만날 수 있다.

1. 간다강을 따라 걷는 강변 산책로 2. 강 풍경을 가까운 곳에서 즐길 수 있는 캐널 카페 3·4·5 가구라자카의 신사와 서점 등 거리 풍경

지요다구

도리우미서점 鳥海書房

진보초神保町역

☆
이왕 갔으니 진보초를 찬찬히 돌아보는 것도 좋겠다. 고서점 거리의 중요한 서점들의 이야기가 담긴 《하나의 거대한 서점, 진보초》(정은문고)로 미리 예습하고 가면 더 좋다. 진보초에 자리한 한국 책을 파는 책방 '책거리CHEKCCORI'도 들러 볼 만하다. 한국 책을 일본어로 번역해 출판하는 쿠온출판사가 운영하는 곳이다.

책과 자연을 사랑하는 사람이라면 지나칠 수 없는 곳이다. 진보초 고서점거리 간다고서센터 3층 엘리베이터 문이 열리면 바로 책으로 가득 찬 서점 내부가 나타난다. 동식물 책은 물론 2대째 서점을 운영하는 도리우미 히로시 대표와 대표 아버지의 취미라는 낚시, 민속, 수의학, 요리 주제의 책도 찾을 수 있다. 일본어를 모르는 사람도 혹할 만한 책이 제법 있다. 특히 도감의 날10월 22일이 있을 정도로 도감을 잘 만드는 나라답게 수준 높은 도감을 '득템'할 수 있다.

일본어를 몰라도 번역기를 돌려 대표님께 보여 주면 원하는 주제의 책을 득달같이 찾아 준다. 일본의 가로수와 공원에 식재하는 나무가 궁금하다고 했더니, 몇 권을 추천해 주셔서 그중 한 권을 구입했다. 또 외국인의 눈길을 사로잡는 곳이 있는데, 서점 입구에 비치된 수많은 식물 그림 코너. 고서의 일부였던 세밀화 그림이 한 장 한 장 투명 봉투 안에 담겨 있다. 그림마다 가격이 책정되어 있는데, 쭈그리고 앉아 시간 가는 줄 모르고 그림 쇼핑을 하게 만든다.

1·2. 동식물 전문 고서점 도리우미서점의 내부 3. 고서의 일부였던 식물 세밀화 페이지를 낱장으로 구입할 수 있다.
4. 진보초에 자리한 한국 책을 파는 책방 '책거리' 내부

도시의 식물과 눈 맞추며 걷는 즐거움

식물과 사랑에 빠지면 같은 장소를 여러 번 가도 늘 새롭다. 자연은 한순간도 같은 모습을 보여 주지 않기 때문이다. 사방을 둘러보아도 회색 콘크리트 건물뿐인 것 같은 대도시에도 우리와 함께 살아가는 식물들이 있다. 눈길을 주지 않아 보이지 않을 뿐. 한 장소에 터 잡고 살아가는 식물이 사는 모습에 시선을 빼앗기면 자꾸 발아래를 살피게 되고 여기저기 두리번거리면서 걷는 속도가 느려지기 마련이다. 도쿄 여행을 계획하고 있는데 식물과 자연을 좋아하는 사람이라면, 이번에는 도쿄의 '녹색 공간'을 테마로 여유 있게 걷는 여행을 준비해 보면 어떨까. 도쿄에서 즐기는 '즐거운 식물 산책'을 위해 알아 두면 좋을 만한 몇 가지를 정리해 보았다.

☆ 이름표를 찾아라

누군가에게 관심이 간다면, 이름을 알고 싶기 마련이다. "내가 그의 이름을 불러 주었을 때, 그는 나에게로 와서 꽃이 되었다"는 시도 있지 않은가. 생각보다 도쿄에서 살아가는 식물들의 몸에 이름표가 붙어 있는 경우가 많다. 흔하지 않은 원예식물이 아니면 번역기를 이용해 대부분 이름을 알 수 있고, 인공지능ChatGPT의 도움을 받아도 된다. 라틴어 학명이 있는 이름표를 보았다면, 국가표준식물목록www.nature.go.kr/kpni/index.do에 검색해 보아도 좋다.

☆ 의외의 볼거리가 있는 주택가와 거리 화단

도쿄 여행을 하다가 두세 시간 정도는 목적지를 정하지 않고 주택가 골목을 걸어 보라고 권하고 싶다. 언젠가 도쿄에 갔을 때 야나카긴자 주변을 돌아다니다가 주택가에서 길을 잃고 한참 헤맨 적이 있는데, 집 주인의 취향과 개성이 묻어나는 주택 화단을 구경하는 재미에 빠져 오랜 시간 그곳에 머물렀던 기억이 있다. 일본 주택가 정원을 구경하다 보면 '정원을 만들려면 큰 땅이 있어야지'라는 생각이 편견이었음을 알

1. 요코하마 길에서 만난 소귀나무(야마모모) 2. 존재감이 남다른 큰 나무에는 '명목(名木)' 이름표가 붙어 있기도 하다. 사진은 느티나무 거목. 3. 정원식물에도 친절하게 이름표를 달아 놓은 곳이 꽤 있다. 사진은 오시멘시사초 '에베레스트' 4. 이국적인 식물들로 가득한 건물 앞 화단

게 된다. 작은 화단을 멋지게 조성한 건물도 많이 만날 수 있고, 아직 서울에서는 많이 보기 어려운 벽면 녹화를 한 곳도 꽤 자주 만날 수 있다.

✿ 또 만났네, 또 만났어

식물에 정신이 팔려 계속 식물에 시선을 두다 보면 자꾸 만나게 되는 식물이 있다. 그렇게 자주 보게 되면 아무래도 정이 가기 마련. 이렇게 '구면'인 식물들이 하나둘 늘어나면, 낯선 장소도 낯설지 않게 느껴진다. 벚꽃 시즌에 맞춘다고 3월 말에 갔는데 꽃이 피지 않아 실망하면서 일본정원과 공원 몇 군데를 돌아다녔는데, 작은 튤립 같은 분홍색 꽃을 주렁주렁 달고 있는 식물을 가는 곳마다 만났다. 이름을 알아보니

---

1. 규모는 작아도 감탄사가 절로 나오는 멋진 주택 정원도 심심치 않게 만날 수 있다. 분홍색 구름이 나뭇가지에 걸린 듯한 안개나무가 시선을 강탈하는 주택 정원 2. 걷다가 이런 '녹색 벽'을 만나면 갑자기 눈이 시원해지는 느낌을 받게 된다. 3. '꽃'이 없어도 시선을 사로잡을 수 있구나, 생각하게 만드는 거리의 화단. 4. 잡초 걱정은 '1'도 하지 않아도 될 것 같은, 아이디어가 돋보이는 '크랙 가든(crack garden)' 스타일의 화단.

마취목(사진 1). 5월에 갔을 때 정말 자주 만난 식물은 노란색 꽃을 피우는 망종화와 갈퀴망종화(사진 2·3), 어성초정명 약모밀(사진 5)였다. 한약재로 알고 있었던 어성초 꽃이 이렇게 예뻤나, 감탄했던 기억이 있다. 풀을 보기 위해 땅바닥에 시선을 고정했더니 개모밀덩굴정명 메밀여뀌(사진 6)도 진짜 자주 만났다. 전문가의 손이 닿은 조경 공간이나 정원에서도 특정 계절에 자주 만나는 식물들이 있다. 취재하러 갔던 초봄에 가장 자주 본 식물 중에 하나는 '사순절장미'라 부르는 '헬레보루스 오리엔탈리스'(사진 4). 이런 식으로 자주 마주치는 식물들이 많아지는 것도 식물 산책의 거부할 수 없는 매력이다.

☆ 낯선 식물을 주목하라

도쿄의 공원을 조금만 세심하게 들여다보면, 서울의 공원과는 사뭇 다른 풍경이라는

1. 남부지방이나 제주도에 가야 볼 수 있는 비파나무와 팔손이를 도쿄에서는 심심치 않게 볼 수 있다. 2. 조경 공간에서 자주 마주치게 되는 호주 원산의 상록성 교목 그레빌레아(*Grevillea*)

사실을 쉽게 깨달을 수 있다. 도쿄가 평균 기온이 제주도와 비슷하며, 섬나라라 해양성 기후대에 속하는 도시이기 때문이다. 이런 환경적인 요인뿐만 아니라 일본 사람들이 좋아하는 식물이 우리와는 다르고, 식물을 선택하는 기준도 다르기 때문일 것이다. 공원이나 정원을 들를 때 평소에 보기 힘들었던 식물이 어떤 것들이 있는지 자세히 들여다보면 산책이 훨씬 더 즐거워질 것이다.

☆ 애정 어린 시선으로 거리의 나무를 바라보자

도시 여행자가 가장 자주 마주치는 식물은 아무래도 가로수다. 식물에 관심이 있으면 길을 걷다가 길가의 나무들을 자주 바라보게 되는데, 서울이나 도쿄나 거리에서 살아가는 나무들의 운명은 참 가혹하다는 느낌을 받게 된다. 서울의 가로수도 막대기처럼 가지를 극단적으로 자른 경우를 가끔 보는데, 도쿄의 가로수들도 심한 '가위질'을 당한 모습인 경우가 많다. 은행나무의 경우 길쭉한 원뿔형으로 다듬어 놓은 모습이 많이 보인다. 부채처럼 가지가 넓게 퍼지는 느티나무의 경우 가지치기를 심하게 당하면 광합성을 해서 먹고 살아야 하니 잎이 보통의 느티나무보다 매우 커지기 때문에 이게 느티나무인가 헷갈리는 경우도 생긴다. 이렇게 힘겹게 살아가는 거리의 나무들을 찬찬히 살피며 걸어 보자.

1·2. 심하게 가지치기 당한 은행나무와 원뿔 모양으로 다듬은 은행나무 3. 심한 가지치기로 보통의 느티나무와는 크게 다른 모습으로 자라고 있는 거리의 느티나무

시부야구 渋谷区

히구마도넛 × 커피라이트 Higuma Doughnuts × Coffee Wrights
오모테산도역

☆
문 여는 시간(주말 오전 10시, 주중 오전 11시, 수요일 휴무)에 맞추어 방문하는 것이 좋다. 그 이후에는 사진이 잘 나오는 좌석에 앉기 힘들 뿐만 아니라, 길고 긴 '대기'를 해야 할 가능성이 크다.

오모테산도 부근 여행을 계획하고 있으면, 아침 일찍 방문하여 따뜻한 도넛과 커피를 즐겨 보자. 주문하면 바로 튀겨 주는 도넛과 수준 높은 커피로 소문난 곳이다. 1957년에 지어진 건물을 보존하여 재단장한 공간으로, 내부는 생각보다 아담하지만 움푹 들어간 구조가 인상적이며, 지면보다 아래에 있는 의자에 앉아 있으면 포근한 기분이 든다.

게다가 뒤쪽 창문으로 보이는 정원 풍경이 아주 인상적이다. 카페 옆길로 들어서면 잘 가꾸어진 정원을 직접 걸어 볼 수 있으니, 식물에 관심 있는 사람이라면 눈치 보지 말고 꼭 한번 들어가 보자. 아주 오래된 석류나무, 단풍나무, 금목서, 매화나무 등이 자리를 잡고 있다. '미나가와빌리지 MINAGAWA VILLAGE'라는 문화 공간에 속해 있다 보니, 해당 홈페이지에서 이벤트나 전시 소식을 미리 확인하고 방문하면 좋다 minagawa-v.com. 또 걸어서 3분 거리에 '커피마메야'라는 한약방 콘셉트의 유명한 스탠딩 커피바가 있으니 관심 있다면 함께 들러 보자.

1. 지면보다 아래에 위치하여 포근한 느낌을 주는 카페 내부 2·3. 카페 옆 작은 정원 4. 매장 외부. 오른쪽 길을 따라 정원으로 들어갈 수 있다.

파머스마켓@UNU Farmers Market@UNU
오모테산도역

2009년에 시작된 전통의 '농부의 시장'으로, 처음에는 작은 규모로 시작했지만 지금은 꽤 큰 규모로 성장했다. 오모테산도역에서 그리 멀지 않은 국제연합대학 앞마당에서 열리며, 코로나19 시기를 제외하고 지금까지 주말마다 생산자와 안심하고 찾을 수 있는 먹을거리를 원하는 소비자를 연결하고 있다. NPO Farmers Market Association이 운영하며, 각종 농산물과 농산물 가공품, 수공예품, 먹을거리 등을 만날 수 있다.

워낙 오래된 시장이라 단골손님들도 꽤 많다. 우리나라에서 열리는 '농부시장 마르쉐@'의 분위기를 떠올리면 된다. 매우 다양한 이벤트도 열려서 볼거리도 많다. 도쿄 사람들은 주로 어떤 채소를 먹는지도 흥미롭게 구경할 수 있고, 신선식품이 아닌 상품 중에 선물로 사올 만한 아이템도 꽤 많아서 나도 모르게 지갑이 확 열릴 수도 있다. 구체적인 정보는 홈페이지 farmersmarkets.jp를 참고하자. 매주 토요일과 일요일 오전 10시부터 오후 4시까지 운영한다.

1. 국제연합대학 앞마당에서 매주 열리는 파머스마켓@UNU 2·3·4. 채소, 과일, 가공품, 수공예품 등 다양한 물건을 만날 수 있다.

| 시부야구 |

자이레.푸드 GYRE.FOOD
메이지진구마에明治神宮前역

☆
자이레 건물은 세계적으로 유명한 네덜란드 건축설계사무소인 MVRDV에서 설계했으며, 자이레.푸드(4층)는 일본 건축가 다네 쓰요시가 설계했다. 샤넬, 메종 마르지엘라, 꼼데가르송, 겐조, 그리고 모마디자인스토어 등 명품부터 젊은 감각의 브랜드까지 다양한 숍이 입점해 있어 건축뿐만 아니라 쇼핑에 관심 있는 사람들에게 만족도가 높은 공간이다.

자이레 건물 4층에 있는 공간이다. 차분하고 어두운 톤에 녹색 식물로 가득 찬 실내 정원을 더해 분위기 있는 공간으로 연출했다. 식재 설계를 한 'SOLSO'의 사이토 다이치는 실내 환경일조량, 환기, 습도 등을 고려하여 식물을 선택했다고 한다. 햇빛이 잘 드는 곳에는 자귀나무잎과 비슷한 부드러운 녹색 잎이 매력적인 '에버프레시'와 약성 있는 열매가 달리는 '자보티카바'를 심었고, 햇빛이 잘 들지 않는 안쪽에는 그늘진 곳에서도 잘 자라는 '아레카야자'와 '겐차야차' 등을 심었다. 전체적으로 잎의 크기와 질감이 다른 식물을 다채롭게 섞어 심어 동굴 속 같으면서도 밀림 같은 분위기를 느낄 수 있게 했다.

호텔 로비 같은 아주 고급스러운 분위기라 들어서기 살짝 망설여질 수도 있지만, 음료 값이 아주 비싸지 않으니 1000엔 이하, 겁먹지 말고 들어가 보자. 계단식으로 만들어진 좌석이 포토 스폿이라지만 앉아 있기에는 다소 불편할 수도 있으니 사진만 찍은 후 테이블 석에 앉기를 추천한다. 당연히 날씨가 좋은 날에는 테라스석을 선점해야 한다. 오모테산도의 가로수길을 내려다보며, 여유롭게 '커피 타임'을 즐길 수 있는 최고의 장소다.

1. 포토 스폿인 계단식 좌석 2. 테라스석 3. 테라스석에서 보이는 오모테산도 풍경 4·5. 녹색 가득한 실내 공간

> 시부야구

도큐플라자 오모테산도 '오모카도' 오모하라의 숲
東急プラザ表参道 'オモカド' おもはらの森

메이지진구마에역

☆
옥상정원에 올라 음료를 마시고 싶다면, 미리 음료를 사서 올라가도록 하자. 6층에 있는 스타벅스와 7층에 있는 빌즈(bills)는 언제나 사람이 가득하기 때문에, 길고 긴 대기 시간에 지쳐 그냥 내려가고 싶을 수도 있다.

많은 사람이 건물 입구에서부터 사진을 찍는 곳으로, 조각난 형태의 거울이 옆면과 천장에 붙어 있어 에스컬레이터를 타고 건물로 들어갈 때 동굴 속으로 들어가는 듯한 느낌이다. 지하 1층부터 5층까지 다양한 매장이 입점해 있으며, 6층에는 '오모하라의 숲'이라는 옥상정원이 조성되어 있다. 1층 거리에서도 옥상의 큰 나무들이 보이게 하여, 지나가는 사람들이 호기심을 가지고 6층까지 자연스럽게 올라오도록 설계했다고 한다.

면적은 작지만 생각보다 키가 큰 나무가 곳곳에 식재되어 있다 보니 숲속에 들어와 있는 듯한 기분을 느낄 수 있다. 특히 중앙에서 점차 높아지는 형태로 의자와 계단이 설치되어 있어 한꺼번에 많은 사람이 이곳을 즐길 수 있다. 삼삼오오 모여 이야기를 나누면서 한적하게 시간을 보내기에 좋다. 6월에 방문하면 곳곳에 심은 치자나무에서 풍기는 꽃향기가 코끝을 스치는 매력적인 공간이다.

1. 거리에서도 보이는 옥상정원의 큰 나무 2·3. 휴게 공간 4. 크고 작은 나무 사이로 산책할 수 있는 정원 5. 꽃이 핀 치자나무

시부야구

도큐플라자 하라주쿠 하라카도 東急プラザ原宿 ハラカド
메이지진구마에역

2024년 상반기에 문을 연 곳이다. 일본 각지에서 크리에이터들을 모집하여 그들이 제작한 다양한 아이디어 상품의류, 서적 등을 판매하고 있다 보니 '뻔한' 느낌의 쇼핑몰이 아닌 미술관을 방문한 것 같은 느낌이 든다. 특히 지하 1층에는 오모테산도의 거리 한복판에 있을 것 같지 않은 목욕탕이 들어와 있다. 현대적인 감각으로 재탄생한 고스기유小杉湯는 고엔지 지역에서 1933년부터 운영하고 있는 오래된 목욕탕이다. 다른 목욕탕과는 다른 고스기유만의 매력 중 하나인 '우유탕'도 있으니 여행에 지친 몸을 뜨거운 물에 담그며 잠시 쉬어 가도 좋겠다.

6층으로 올라가 외부로 나가면, 길 건너 '오모카도'의 정원과는 사뭇 다른 이국적인 식물로 가득 찬 공간이 나온다. 다양한 종류의 야자나무, 올리브나무, 유칼립투스, 티트리, 병솔나무, 그레빌리아 등 우리나라 제주도에서나 겨우 월동이 되는 식물들이 심겨 있어, 식물에 관심 있는 사람들에게는 천국 같은 곳이다. 언제나 사람들로 북적이는 하라주쿠와 오모테산도 거리를 피해 잠시 쉴 수 있는 휴식처로 제격이니 꼭 방문해 보자. 무더운 날에는 식물이 말라 죽지 않도록 정원 곳곳에서 안개처럼 물이 뿜어져 나오는데, 이 역시 독특한 풍경을 만들어 낸다. 하지만 너무 가까이 있으면 옷이 젖을 수 있으니 그 시간에는 잠시 피해 있는 것이 좋겠다.

1. 거리에서도 건물 옥상의 '초록 풍경'이 눈에 잘 들어온다. 2. 잠시 쉬어 가기 좋은 공간 3. 무더운 날 볼 수 있는 정원의 분무 4·5. 이국적인 식물로 가득한 옥상정원

시부야구

오모테산도브랜치 Omotesando Branches
메이지진구마에역

오모테산도는 전 세계 유명 건축가들의 건축 전시장이라 할 수 있을 정도로 멋진 건물들이 많아 건축에 관심 있는 사람이라면 일부러 시간을 내서 들르는 곳이다. SANAA일본의 건축가 세지마 가즈요와 니시자와 류에의 유닛 건축 사무소의 디올, 헤르초크 & 드뫼롱의 프라다, 도요 이토의 토즈 건물 등 명품 브랜드의 건물이 특히 유명하다. 규모가 큰 건축이 오모테산도의 대표적인 볼거리로 거론되지만, 골목 안에 있는 작은 건물 중에서도 주목받는 곳이 있다. 바로 오모테산도브랜치다.

이곳은 '나무와 식물의 녹색이 어우러진 풍경'에서 영감을 받아 후지모토 소우가 설계한 독특한 형태의 건물이다. 건물 앞면에 나무의 형태를 한 거대한 흰색 프레임이 설치되어 있고, 그 사이사이 실제 나무들이 싹이 돋아나는 듯한 형태로 자라고 있다. 식물의 생육 환경을 생각했을 때는 다소 걱정스러운(?) 부분이 있지만, 건물의 입면을 재해석하여 풀어낸 방식이 재미있다 보니 흥미롭게 구경할 수 있다. 수제 캐러멜로 유명한 넘버슈거NUMBER SUGAR 매장도 바로 옆에 있으니 간식거리나 '달달한' 선물을 구입하고 싶은 사람이라면 방문해 보자.

1. 후지모토 소우가 설계한 독특한 건물 2. 흰색 프레임에서 새싹처럼 솟아난 나무의 모습

시부야구

미야시타파크 MIYASHITA PARK
시부야역

☆
성수동에도 매장을 오픈한 KITH(의류, 신발 편집숍)뿐만 아니라, 다양한 브랜드숍과 식당가가 입점해 있는 핫한 쇼핑몰이 공원 아래에 있다. 시부야 지역 쇼핑 명소 중 하나다.

시부야 일대 도시재생 프로젝트의 결과물 중 하나인 '미야시타파크'는 공공기관과 민간이 협력하여 만들어 낸 성공적인 도시재정비 사업이다. 1964년 혼잡한 철도 노선과 공영주차장 위에 만들어진 옛 미야시타파크는 시간이 지남에 따라 시설물이 노후하여 지진 피해의 우려뿐만 아니라 우범지대로 전락하고 있어 재건축이 필요한 상황이었다.

새롭게 탄생한 공원은 4층 규모의 쇼핑몰과 18층짜리 호텔, 그리고 330미터 길이의 옥상정원 등 토지 활용도 면에서도 효율적인 계획이었다. 다른 상업 공간의 옥상정원과는 달리 살아 있는 나무를 많이 심지 않고 아치형 시설물을 설치한 후, 덩굴성 식물이 그 철망을 타고 올라가게끔 했다. 이러한 거대한 캐노피는 미야시타파크의 상징이 되었다 인증샷은 여기에서 남겨 보자.

공원 내에는 곳곳에 넓은 잔디밭이 있어, 방문자 누구나 앉거나 누워서 편하게 휴식을 취할 수 있으며, 스케이트파크, 암벽등반을 위한 벽, 모래가 깔린 공간 등 다양한 경험을 할 수 있는 액티비티 공간도 마련되어 있다. 중앙에는 조금 특별한 스타벅스 커피 매장이 있으며, 한쪽 끝에는 호텔 시퀀스미야시타파크 Sequence Miyashita Park가 있으니 이곳에서 하루 묵으면서 미야시타파크를 충분히 경험해 보는 것도 좋겠다.

1. 멀리서도 옥상의 아치형 시설물이 보인다. 2. 미야시타파크의 야경 3. 넓은 잔디밭 4. 거대한 캐노피와 덩굴식물이 타고 올라가도록 만든 철망

| 시부야구 |

시부야 파르코 옥상정원 渋谷 PARCO ROOF TOP PARK
시부야역

외부에 있는 에스컬레이터와 계단을 이용해서 등산하듯이 오를 수 있는 곳이다. 올라가는 중간 중간에도 식물들이 자라는 공간이 있으니 구경하며 10층까지 올라가면 된다. 시부야 전체를 한눈에 볼 수 있는 높이라 날이 맑으면 후지산 서쪽 방향도 볼 수 있다. 미야시타파크와 기타야공원에 비해 아직은 많이 알려지지 않아서 한적하게 공원을 즐길 수 있다는 장점이 있다. 밤이 되면 정원 안의 조명이 은은하게 켜지고 주변으로 아름다운 야경이 펼쳐져서 낮과는 또 다른 분위기의 시부야를 즐길 수 있다. 음료, 술, 그리고 간단한 스낵을 파는 'ComMunE'가 옥상 층에 입점해 있어 야간 데이트를 하기에도 좋다.

1. 나무가 옥상에 녹색 공간이 있음을 알려 준다. 2. 저녁 시간에 야경을 즐기기에도 좋다. 3·4. 다양한 식물로 가득 찬 옥상정원

기타야공원 · 블루보틀 커피 시부야 北谷公園 · Blue Bottle Coffee Shibuya

시부야역

Park-PFI公募設置管理制度,민간 공모형 공원 정비·관리 제도로 재조성한 공원이다. '편안한 곳', '편안한 카페', '흥분되는 행사'라는 목표를 가지고 지역주민과 교류하는 일을 가장 중요하게 여기는 새로운 형태라고 한다. 기존의 공원을 뛰어넘어 새로운 문화를 탄생시킬 수 있는, 시대를 앞서가는 공간을 목표로 하고 있다. 햇빛과 비를 피할 수 있는 큰 지붕 공간Large Roof Area, 사람들이 앉아 쉬거나 공연을 볼 수 있는 계단 공간Step Area과 무대Stage Area, 그리고 자연스럽게 다양한 활동을 할 수 있는 공간Runway Area 등 총 네 개의 오픈 스페이스로 구성되어 있다.

콘서트, 푸드마켓, 워크숍 등 다양한 행사가 열리고 있으니 원하는 사람들은 홈페이지에 들어가 신청하면 이용할 수 있다shibuya-kitaya-park.tokyo. 공원 내에는 블루보틀 커피가 입점해 있어 음료와 간단한 식사를 즐길 수 있는 것도 이 공원의 매력이다. 우리나라 공원에서는 쉽게 볼 수 없는 가지가 여러 갈래로 갈라진 자연스러운 수형의 느티나무, 산딸나무, 때죽나무, 배롱나무, 올리브나무 등이 인상적이며, 이팝나무, 단풍나무, 목련, 금목서 등도 함께 식재되어 있어 사계절 내내 다채로운 모습의 공원을 즐길 수 있다.

1. 도심 속 오아시스 같은 기타야공원 2. 공원 안에 자리 잡은 블루보틀 커피 3·4. 작지만 알차게 구성된 공원의 모습

시부야구후레아이식물센터 渋谷区ふれあい植物センター

시부야역

세계에서 가장 복잡한 곳 중 하나라는 시부야. 하지만 시부야역에서 조금만 벗어나면 의외로 한적한 곳이 나온다. 시부야구에서 운영하는 일본에서 가장 작은 식물원 후레아이식물센터는 2023년 7월에 리뉴얼 오픈했다. 규모는 작아도 망고, 구아바, 커피, 파인애플, 블루베리, 올리브 등 우리에게 익숙한 열매가 달리는 각종 열대식물은 물론 레몬그라스, 라벤더, 로즈마리 등의 허브도 자라고 있으며, 건물 외부에도 낯선 식물로 가득한 화단이 있어 식물 구경하는 재미가 있다. 천장이 아주 높아서 작지만 답답하지 않은 느낌을 준다.

'농업과 식생활의 지역 거점으로 활용'하는 곳답게 1층에 텃밭 농산물을 파는 곳도 있고, 2층 카페에서는 일본산 재료를 사용해 만든 피자나 식물원에서 기른 허브로 만든 특별한 음료 등도 맛볼 수 있다. 식물원 입구 쪽에는 LED 조명으로 환하게 밝혀 놓은 수경재배실도 있으며, 농업과 먹을거리를 주제로 한 다양한 텃밭 강좌와 요리교실도 자주 열린다. 방문했을 때는 '연필식물원'이라는 제목의 연필로 그린 식물 그림 전시회가 열리고 있었는데, 카페 옆 벽면은 관련 도서와 전시를 진행하는 공간으로 사용된다. 입장료는 단돈 100엔! 이국적인 식물로 가득해 사진 찍기도 좋고 운영시간도 밤 9시로 비교적 길어 언제나 일본 젊은이들로 북적인다.

☆
1층에 '식물들의 음악(Music of Plants)'라는 간판이 세워져 있는 입구가 아주 작은 방이 있는데, 지나치지 말고 도전해 보자. 식물들이 연주하는 음악을 들을 수 있는 곳으로, 식물의 생체전위(生體電位)를 채취해 그것을 음계로 변환해 만든 음악이라고 한다. 취재하러 갔을 때는 뱀딸기와 화이트 세이지의 연주를 들을 수 있었다. 전시나 강연 정보는 인스타그램 @shibuyakufureai이나 홈페이지(sbgf.jp)를 참조하면 된다.

1. 익숙한 열대식물들로 가득한 식물센터 내부 2. 2층에는 카페와 전시 공간이 마련되어 있다. 3. 센터 입구.
4. LED 조명이 설치된 수경재배실

다이칸야마 티-사이트 · 쓰타야서점 代官山 T-SITE · 蔦屋書店

다이칸야마代官山역

☆
쓰타야서점 앞 큰길 건너 '카페 미켈란젤로' 뒤편으로는 '아이비 플레이스' 등 이 일대에서 유명한 브런치 식당이 있으니 놓치지 말고 꼭 메모해 놓자. 하지만 '오픈 런'을 하는 사람들이 많으니 예약을 하는 것이 좋다.

총 세 개의 동으로 이루어진 복합문화공간으로 카페, 식당, 상점, 서점 등 다양한 상업시설이 들어서 있는 곳이다. 다이칸야마 최고의 쇼핑 장소 중 하나로 꼽히는 이곳에서 특히 유명한 곳은 '숲속 도서관'이라는 콘셉트의 다이칸야마 쓰타야서점이다. 책을 좋아하는 사람들에게는 이미 너무 유명한 이 서점은 오픈할 당시 '서점의 미래'를 보여 준다는 평을 받기도 했고, 책을 뛰어넘어 '문화 체험'을 파는 곳으로 주목받았다. 지점별로 콘셉트가 뚜렷한 큐레이션을 하는 것으로도 유명하다. 이 서점은 미국의 온라인 미디어 〈플레이버필FlavorPill〉에서 선정한 '세계에서 가장 아름다운 20개의 서점' 중 하나로 선정될 만큼 매력적이고 멋진 공간이다.

　　건물 사이사이 울창한 숲 같은 공간이 조성되어 있어 건물 밖을 산책하는 것만으로도 기분 좋은 시간을 보낼 수 있다. 곳곳에 반려동물을 위한 에티켓 공간이 잘 만들어져 있다 보니 강아지들과 함께 산책하는 사람도 많이 보인다. 티-사이트는 주말 낮에는 항상 사람으로 붐비니 주중 오전 시간에 방문하는 것이 좋으며, 건물과 건물 사이 혹은 주차장 일대에서 플리마켓 같은 다양한 이벤트를 할 때가 있으니, 홈페이지를 미리 참고하면 좋다 store.tsite.jp/daikanyama.

1. 쓰타야서점 입구 2·3. 건물 사이사이를 채우고 있는 녹색 공간 4. 반려동물을 환영하는 듯한 귀여운 조형물

포레스트게이트 다이칸야마 Forest Gate 代官山

다이칸야마역

2023년 하반기에 오픈한 공간으로, 일본의 대표적인 건축가 구마 겐고가 설계에 참여한 새로운 형태의 복합문화공간이다. 라이프스타일 편집숍 테노하를 기억하는 사람이라면 조금은 서운할 수도 있지만, 더 놀랍고 멋진 공간으로 그 자리에 다시 태어난 다이칸야마의 신생 '멋집'이다. 1~2층은 누구에게나 열려 있는 상업 공간으로, 다이칸야마의 라이프 스타일에 맞추어 트렌디하고 힙한 분위기 속에 잘 정돈된 정원이 곳곳에 녹아 있어 독특한 분위기를 연출한다. 상층부는 오피스와 주거 공간이라 입주민이 아니면 들어갈 수 없지만, 멀리서 보이는 건축물의 모습과 1층 내부의 녹색 식물이 가득한 모습만으로도 충분히 매력적인 공간이다.

우리나라에서는 제주도나 남부지방에서만 겨울을 날 수 있어 실내 정원에 주로 심는 비파나무, 아카시아, 유칼립투스, 병솔나무, 야자나무 등이 정원 곳곳에 자리 잡고 있어 이색적으로 느껴질 수밖에 없다. 공간 내에 계단, 핸드레일, 벤치, 스탠드 등 조경 시설물의 디테일도 훌륭해서 디자인·건축·조경에 관심 있는 이라면 여유를 가지고 구석구석 살펴볼 것을 추천한다.

1. 구마 겐고가 설계한 독특한 건물 2~6. 하이엔드 복합문화공간 안에 조성된 세련된 분위기의 정원

시부야구

구 아사쿠라가주택 旧 朝倉家住宅
다이칸야마역

세련되고 현대적인 분위기의 동네 다이칸야마에 자리한 1919년에 지어진 건물이다. 1919년 아사쿠라 도라지로가 지은 이 2층짜리 목조 주택은 이제는 거의 남아 있지 않아 보기 어려운 관동대지진 전에 지어진 다이쇼 시대 주택 중 하나라 국가 중요문화재로 지정되었다. 내부에서 사람들에게 가장 인기 있는 곳은 '스기야삼나무 방'다. 이 안에서 바라보는 주택 중정 풍경이 아주 멋지다. 매우 깔끔하게 관리되고 있고, 디테일이 섬세하고 아름다워서 구석구석 찬찬히 들여다보게 되는 곳이다. 정원은 단풍나무가 붉게 변하는 가을에 특히 아름답다.

신발을 벗고 들어가야 해서 양말을 신지 않았다면 입장할 수 없다. 맨발로 샌들을 신고 여행하고 있다면, 미리 가방에 양말을 하나 챙겨야 한다. 사진은 찍을 수 있지만, 문화재 훼손을 사전에 방지하기 위해 큰 짐은 맡기고 들어가야 한다. 입장료는 100엔이며, 오후 4시 30분에 일찍 문을 닫기 때문에 방문 계획이 있다면 서두르는 것이 좋다.

1. 중요문화재로 지정된 다이쇼 시대 2층 목조 주택 2. 잘 관리되어 있는 정원 3. 정원을 감상하기 가장 좋은 장소인 삼나무 방

시부야구

메이지신궁·메이지신궁 왕실 정원 明治神宮·明治神宮御苑
하라주쿠原宿역

☆
메이지신궁은 정문으로 들어갈 수 있는 하라주쿠역에서 내리는 것이 좋다. 요요기역에서 갈 수도 있는데, 그러면 후문으로 들어가야 해서 한참을 걸어야 하고, 역방향으로 구경해야 하기 때문이다.

도쿄의 대표적인 관광지이면서 현지인들도 많이 찾는 메이지신궁은 '메이지천황明治天皇' 부부를 기리기 위해 만든 유서 깊은 신사다. 입구부터 본전까지 가는 길이 긴 편인데, 거대한 나무들이 양옆에 도열해 있어 고요한 마음으로 산책하기 좋다. 빈번하게 전통 혼례나 다양한 행사가 열리기 때문에 운이 좋으면 일본 전통 결혼식도 구경할 수 있다. 길을 걷다 보면 전국에서 올라온 커다란 술통을 쌓아 놓은 모습도 보이는데, 적극적으로 서양문화를 받아들인 메이지 일왕이 와인을 좋아해서 프랑스에서 온 와인통도 있다고 한다.

메이지신궁의 상징과도 같은 풍경을 하나를 꼽으라면 일본 최고 규모의 장엄한 도리이鳥居다. 보통 신사에 들어가려면 나쁜 기운을 정화해 준다는 이 하늘 '천天' 자를 닮은 도리이를 지나야 한다. 세속의 세계를 뒤로 하고 신성한 곳으로 들어가는 입구인 셈이다.

메이지신궁에서 꼭 만나 보아야 하는 나무가 있다. 바로 메이지 일왕 부부를 모시는 본전 앞에 자리한 거대한 녹나무 두 그루다. '부부 녹나무'라 불리는 이 잘생긴 거목은 줄로 묶여 있는데, 스마트폰 등의 배경화면으로 설정하면 소원이 이루어진다는 속설이 있다고 한다.

1. 입구의 거대한 도리이 2·4. 멀리서 보면 하나의 나무로 보이는 '부부 녹나무'. 줄로 묶여 있다. 3. 전국에서 올라온 술통 5. 거목이 자리 잡은 신궁 풍경.

시부야구

신궁 안에는 왕이 몸이 약한 부인을 위해 산책을 하라고 만들어 준 정원御苑이 있다. 이 정원 안에는 기요마사淸正라는 샘물이 있는데, 1년 내내 15도의 수온을 유지하며 분당 평균 60리터의 맑은 물을 뿜어 낸다고 한다. 나쁜 기운이 정화되고 운이 좋아진다고 해서 손을 한번 담그려고 줄을 서는 사람들이 언제나 많다. 이 정원은 꽃창포로 유명하고, 여름에는 연꽃을 구경하러 오는 사람도 많다. 신궁의 역사를 자랑하듯 키 큰 녹나무, 구실잣밤나무, 참나무 등이 빽빽하게 들어서 있다. 야생 숲의 모습을 간직한 잡목림도 보인다. 신궁 안에 있는 왕의 정원은 입장료 500엔을 내야 한다.

1. 일왕이 부인을 위해 만들어 준 정원의 연못 2. 꽃창포 시즌이 되면 많은 사람이 찾는다. 3. 물에 손을 담그면 운이 좋아진다는 샘물 기요마사

시부야구

로란스 하라주쿠 LORANS 原宿
기타산도도역北参道역

꽃집이 운영하는 식물 테마 카페로, 주요 관광지가 몰려 있는 요요기와 하라주쿠와 가까우면서도 한적한 동네에 자리하고 있어 쇼핑 등으로 지쳐 있을 때 여유 있게 쉬어 갈 수 있는 공간이다. 역에서도 그리 멀지 않은 도로 뒤편 골목길에 자리하고 있는데, 주요 관광지에서는 조금 떨어진 동네라 개찰구에서 내려 조금 헤맬 수도 있으니 구글 지도를 잘 확인하며 따라가 보자.

약간 지면보다 아래쪽에 카페 공간이 자리하고 있으며, 싱그러운 녹색을 뽐내는 커다란 관엽식물 화분과 천장에 매달려 있는 드라이플라워가 눈길을 끈다. 테이블 위에 생화도 있고, 다육식물 등 식물도 판매한다. 화려한 꽃을 눈으로 즐기며 식사와 차, 디저트를 즐길 수 있다. '꽃'을 테마로 한 카페답게 접시 위에 꽃이 올라오기도 하고, 시각적으로 화려한 디저트 메뉴가 많다. 과일과 채소가 듬뿍 들어간 스무디와 팬지꽃을 토핑한 오픈샌드위치가 시그니처 메뉴다.

1. 드라이플라워로 채운 천장과 관엽식물로 가득한 내부 2. 커다란 화분이 줄지어 있는 입구 3. 팬지꽃을 토핑한 오픈샌드위치

시부야구

요요기공원 代々木公園
요요기코엔역

☆

도쿄 '빵지순례'에서 빼놓을 수 없는 곳으로 손꼽히는 베이커리 '365일'이 요요기공원 서문 가까운 곳에 있다. 당연히 줄을 서야 할 각오를 해야 하는데, '크로칸 초콜릿'이라는 빵이 제일 인기 있다고 한다. 빵 말고도 에코백이나 베이킹 재료, 커피 원두도 판매한다. 오전 7시부터 문을 여니, 향긋한 빵과 커피를 들고 요요기공원에서 간단히 아침을 즐겨도 좋겠다.

도쿄 23구 중 다섯 번째로 규모가 큰 도립공원으로 조깅이나 피크닉 등 야외활동을 하기 좋아 현지인들의 사랑을 많이 받는 공원이다. 메이지신궁의 울창한 숲 바로 옆에 자리하고 있어 메이지신궁과 요요기공원은 도쿄의 허파라 불릴 만하다. 메이지신궁의 숲과 합해서 도쿄돔 약 27개에 해당하는 면적이라고 한다. 크게 삼림공원인 A구역과 육상경기장과 야외무대가 있는 B구역으로 나뉘어 있다. 공원 한가운데 큰 규모의 잔디광장이 있으며, 도쿄올림픽 선수촌으로 사용되었을 때 네덜란드 선수들이 사용했던 건물인 '올림픽기념관'도 있다.

　　새들이 좋아하는 나무들을 심고, 보호 울타리를 만들어 놓은 조류 보호 구역도 있어 탐조도 가능하다. 봄에는 벚나무, 매실나무, 산철쭉의 꽃이 만발하고, 가을에는 은행나무, 단풍나무, 느티나무의 단풍이 일품이다. 오래된 곰솔이나 녹나무 등이 줄지어 있어 산책을 즐기기에 좋다. 겨울에는 '파란동굴'이라는 테마로 조명을 밝히는 '일루미네이션' 행사도 열려 많은 사람을 불러 모은다.

1. 현지인들의 사랑을 많이 받는 요요기공원 2. 드넓은 잔디광장 3. 공원의 봄을 밝히는 벚나무 4. 가을 단풍을 즐기기에도 좋다.

에비스가든플레이스 恵比寿ガーデンプレイス

에비스역

☆
역에서 에비스가든플레이스까지 골목길을 따라 걸어야 하는데, 생각보다 길이 경사가 있다. 가벼운 운동(?)을 하기 싫다면 JR야마노테선 출구 쪽에 있는 에비스 스카이 워크가 직통으로 연결되어 있으니 그 방법으로 이동해 보자.

유럽 분위기의 큰 광장을 둘러싸고 다양한 레스토랑과 상점, 호텔, 사무실, 주거 공간, 사진박물관 등 여러 개의 건물과 고층 빌딩으로 구성된 복합문화공간이다. 1890년부터 있었던 에비스 맥주 양조장 부지에 지어졌으며, 이 근처 기차역의 이름도 해당 브랜드 이름을 사용했다. 곳곳에 정원과 가로수 길이 잘 조성되어 있고, 점심시간에는 회사원들이 줄을 서서 사 먹는 푸드트럭도 들어와 평화로운 분위기에서 자유롭게 산책하고 허기를 달래기에 아주 좋은 공간이다.

이 공간의 가장 큰 매력은 뭐니 뭐니 해도 맥주다. 리뉴얼 기간을 거쳐 2024년 4월에 개관한 '에비스브루어리도쿄'는 일본 맥주 양조의 역사와 과학에 관한 전시장을 갖춘 작은 양조장이자 박물관으로 무료 입장할 수 있다. 탭룸에서 구매하고 맛볼 수 있는 맥주는 이곳에서만 생산되는 맥주라, 맥주를 사랑한다면 그냥 지나치기 어렵다. 이곳에서는 유기농·천연 제품에 초점을 맞춘 마켓인 '에비스마르셰' 등 다양한 이벤트가 열리며, 11월부터 거대한 크기의 샹들리에가 설치되니, 여행을 떠나기 전 홈페이지gardenplace.jp를 참고해 정보를 얻어 보자.

1~3. 양조장 부지에 지어진 복합문화공간 4. JR야마노테선 에비스역 출구 쪽에 있는 에비스 스카이 워크

신주쿠구新宿区

스이카펭귄광장Suicaのペンギン広場
신주쿠역

신주쿠역 주변은 시부야역과 함께 도쿄에서 가장 사람 많고 복잡한 지역 중에 하나다. 사방 어디를 둘러봐도 회색빛 빌딩 밖에 없어 보이지만, 이 안에도 오아시스 같은 녹색 쉼터들이 있다.

스이카펭귄광장은 고속버스터미널인 바스타신주쿠バスタ新宿의 완성에 맞추어 2016년에 오픈한 광장으로, JR 신주쿠역 신남쪽 개찰구 밖에 위치하고 있다. 일본의 교통카드 스이카Suica의 캐릭터인 '스이카 펭귄' 동상이 세워져 있어 '인증샷' 명소로도 유명하다. 광장 주변으로 철도와 다카시마야 타임스퀘어, NTT 도코모 요요기빌딩 등 신주쿠를 상징하는 랜드마크들이 서 있어 낮과 밤 모두 대도시 특유의 세련되고 화려한 풍경을 즐기기 좋다.

광장 안에는 때죽나무, 자귀나무, 목련, 수국, 꽃산딸나무 등 우리에게도 익숙한 다양한 나무들이 어우러져 있고 곳곳에 휴식을 취할 수 있는 의자들이 놓여 있어, 사람들로 항상 북적이는 신주쿠 일대에서 나무 그늘 아래 잠시 쉬어 가기 좋은 곳이다.

1. 스이카패스의 캐릭터 펭귄 동상 2. 신주쿠역 주변 주요 빌딩과 어우러진 녹색 공간

신주쿠구

다카시마야 타임스퀘어 화이트가든 高島屋 TIMES SQUARE White Garden
신주쿠역

☆
원래도 '야경 맛집' 중 하나인데 크리스마스 시즌에는 화려한 조명으로 사람들을 유혹하는 '일루미네이션' 명소로 변신한다. 주변의 도시 야경과 함께 낭만적인 분위기를 느낄 수 있으니, 12월에 여행한다면 꼭 방문해 보자.

신주쿠역의 랜드마크 쇼핑 공간인 다카시마야 타임스퀘어 13층에 있는 옥상정원이다. 돌이 깔린 작은 오솔길을 따라 때죽나무, 올리브나무 등이 심겨 있고, 작은 나무들 사이사이 라벤더와 로즈마리 같은 허브가 바람에 흔들려 춤을 추는 독특한 분위기의 정원이다. 주변으로 신주쿠교엔이 보이며 산벚나무, 단풍나무, 산철쭉 등 일본의 정원에서 만날 수 있는 대표적인 나무들이 늘어선 화이트가든의 북쪽에서는 도쿄도청도 보인다.

화이트가든과 한 층 아래인 12층까지 다양한 메뉴를 즐길 수 있는 식당이 입점해 있으니 마음에 드는 레스토랑을 골라 식사를 즐기면서 옥상정원을 맘껏 즐겨 보자. 참고로 100년의 역사를 자랑하는 '신주쿠 나카무라야中村屋 전통의 인도 커리' 매장도 입점해 있다. 백화점 내부 곳곳에도 멋진 실내 정원이 조성되어 있으니 플랜테리어에 관심이 있다면 구석구석 놓치지 말고 구경해 보자.

1. 유럽풍의 정원 2. 정원 옆 식당가 3. 신주쿠교엔이 한눈에 내려다보인다 4. 크고 작은 식물로 가득한 식당가
5. 실내 정원

신주쿠구

이세탄 신주쿠점 아이·가든 伊勢丹 新宿店 アイ·ガーデン
신주쿠역

2006년 이세탄 신주쿠점의 옥상을 재정비하여 만든 정원이다. 일본에는 우리나라의 마을 숲과 비슷한 개념의 '사토야마里山'라는 것이 있는데, 인간의 생활과 긴밀한 관계를 맺고 있는 숲을 의미한다. 아이·가든은 바로 이 사토야마를 이루고 있는 잡목림의 풍부함과 계절성을 표현한 곳이다. 넓은 잔디밭을 지나 벚나무와 단풍나무를 포함해 숲속에서 자라는 다양한 종류의 나무들이 조화를 이룬 편안한 분위기의 정원을 만날 수 있다. 옛 사토야마에서 볼 수 있는 풀과 나무들을 소박한 분위기의 정원에 표현했다는데, 어린 잎을 내고 꽃을 피우는 봄, 녹음이 짙어지는 여름, 단풍이 들면서 잎이 지는 가을, 모든 것을 비우고 다시 봄을 준비하는 겨울, 숲의 아름다운 사계절을 정원에서 느낄 수 있다.

어린아이들을 위한 미끄럼틀 같은 놀이 시설이 잘 갖추어져 있고, 마음껏 뛰어놀 수 있는 넓은 공간이 조성되어 있어 가족 단위로 여행하고 있다면 잠시 들러서 여유 있게 시간을 가져 보면 좋겠다. 정원 안에 사는 곤충과 새를 소개한 안내판이 있는 것을 보아, 백화점 옥상정원이 다양한 생물을 위한 서식처를 제공하고 있다는 사실도 배울 수 있다. 이곳에서 계절마다 보이는 새와 곤충을 찾아보는 것도 옥상정원을 제대로 즐기는 방법 중 하나다.

1. 넓은 잔디밭과 숲정원 2·3. 사토야마(마을숲)를 표현한 정원의 모습 4. 어린이들을 위한 공간 5. 정원에 서식하는 곤충과 새 안내판

신주쿠구

신주쿠 마루이 본관 큐코트 新宿マルイ本館 Q-COURT
신주쿠역

☆
엘리베이터나 에스컬레이터를 이용하여 백화점 8층까지 오른 후, 계단을 이용해야만 옥상정원에 오를 수 있다.

"도시에 사는 사람들이 마음 깊이 휴식을 취할 수 있는 도심 속 장소"라는 콘셉트로 조성한 영국식 정원이다. 봄에 보랏빛 꽃을 등불처럼 밝히는 등이 자랄 수 있도록 만들어 놓은 퍼걸러, 이국적인 분위기의 휴게 공간, 덩굴장미가 휘감고 있는 아치, 대칭형 정원 구성 등 다른 백화점에서 흔히 볼 수 있는 정원과는 사뭇 다른 풍경이다. 전통 일본정원의 모습이나, 주변 환경과 조화를 이루며 자라는 익숙한 정원식물이 아닌, 조금은 낯설지만 시선을 끄는, 잘 정돈된 정원을 즐길 수 있다.

'열매 정원', '장미 정원', '나무 사이로 햇빛이 비치는 정원', '이른 봄의 정원', '출발의 정원' 등 다섯 개의 공간으로 구성되어 있으니, 각 주제별로 어떤 식물들이 주인공인지 찬찬히 둘러보자. 예를 들면 '열매 정원'에서는 준베리, 무화과나무, 포도나무 등을 볼 수 있다. 다른 정원에는 또 어떤 나무들이 한자리를 차지하고 있는지 찾아보는 재미도 있을 것이다.

1. 영국정원 스타일로 조성한 공간 2. 정원 입구 3. 등꽃이 피는 계절이 기대되는 퍼걸러 4. 식물 안내판 5. 사계절 모두 매력적인 다양한 상록수

신주쿠구

신주쿠교엔 新宿御苑
신주쿠교엔마에新宿御苑前역, 신주쿠역

☆
봄꽃이 만개하는 시즌(3월 말~4월)과 단풍놀이를 즐길 수 있는 가을(11월)에는 휴일 없이 문을 연다. 입장료는 성인 500엔. 워낙 규모가 커서 비치된 한글 지도를 미리 확보하고 산책하면 좋다. 지도에는 계절별로 볼 수 있는 식물도 자세히 안내되어 있다. 공원 안에 있는 스타벅스는 사진 찍기 좋은 인기 휴식 장소다.

뉴욕에 센트럴파크가 있다면 도쿄에는 신주쿠교엔이 있다. 약 18만 평 부지에 자리한 이 거대한 공원은 그야말로 복잡한 도시의 '허파' 역할을 한다. 신주쿠교엔은 에도 시대 나이토 가문의 저택이 있었던 사유지에 조성한 공원으로, 도쿠가와 이에야스의 가신이었던 나이토 가문의 사람이 이 자리에 있던 저택을 하사받았다고 한다. 메이지 시대 초기 정부가 이 저택 부지와 주변 일대를 사서 식물을 심고 농업시험장으로 이용하다가 1906년 왕실의 정원이 되었고교엔은 왕실 정원이라는 의미, 전쟁 이후 1949년에 국립공원이 되어 일반에게 공개되고 있다.

  이 공원이 좋은 이유 중 하나는 오랜 세월 자리를 지키고 있는 거대한 나무들 때문이다. 단풍버즘나무, 개잎갈나무히말라야시다, 낙우송, 백합나무, 느릅나무, 메타세쿼이아, 태산목, 느티나무, 미국개오동 등이 이 공원의 대표적인 고목들이다. 또 신주쿠공원은 도쿄를 대표하는 벚꽃·단풍 명소로, 개화기가 다른 70여 종의 벚나무 약 900그루가 있다고 한다. 시즌이 되면 '인산인해'가 무엇인지 눈으로 몸으로 확인할 수 있다는 점이 흠이지만, 그럼에도 불구하고 한번쯤은 직접 눈에 담기 위해 애써 볼 만한 풍경이다.

1. 신주쿠교엔은 도쿄의 대표적인 벚꽃 명소다. 2. 백합나무 고목과 잔디광장 3. 잘 정돈된 전통 일본정원

신주쿠구

크게 엄마와 아이의 숲, 일본정원, 풍경식 영국정원, 정형식 프랑스정원, 온실과 구 서양관 휴게소 구역으로 나눌 수 있어 구역별로 다른 분위기의 공원을 즐길 수 있다. 정형식 프랑스정원은 장미 화단과 줄 맞추어 서 있는 양버즘나무길로 유명하다. 센다가야문 쪽은 벚나무 군락이 있는 곳과 단풍나무동산, 진달래동산, 그리고 연못이 있어 인기가 높은 구역이다. 중앙휴게소 쪽 드넓은 잔디광장이 있는 영국정원에는 언제나 느긋하게 앉거나 누워서 공원을 즐기는 사람들을 볼 수 있다. 신주쿠교엔뮤지엄과 국가 중요문화재인 구 서양관휴게소 옆에 있는 온실도 꽤 볼 만하다. 신주쿠교엔은 우리나라에도 팬이 많은 신카이 마코토 감독의 영화 〈언어의 정원〉의 배경이 된 곳이라 팬들이 구 고료테이旧御涼亭가 보이는 퍼걸러에서 기념 사진을 많이 찍는다. 구 고료테이는 왕실의 결혼을 축하하는 의미로 대만에서 보낸 이국적인 대만식 건물이다.

1. 대만식 건물 고료테이 2. 양버즘나무길 3. 정형식 프랑스정원 장미 화단 4. 거대한 개잎갈나무와 잔디광장
5. 온실 내부 6. 옛 경비초소(旧 新宿門衛所) 7. 신주쿠교엔 내 인기 휴식 장소인 스타벅스

신주쿠구

간센엔공원 甘泉園公園

오모카게바시面影橋역

☆
'사쿠라 트램'이라 불리는 운치 있는 노면 전차 도덴아라카와선 1일 승차권은 단돈 400엔! 교통비 비싼 도쿄에서 최고의 '가성비'를 자랑하는 교통수단이다. 하루 정도는 1일 승차권을 사서 도덴아라카와선 정류장을 중심으로 장소 몇 군데를 돌아보는 스케줄을 짜 보아도 좋겠다. 사쿠라 트램 정보는 202쪽 참조.

사쿠라 트램 오모카게바시역에서 내려 주택가를 조금 걷다 보면 나오는, 일본정원이 있는 작은 공원이다. 에도 시대 무사 가문인 시미즈 도쿠가와의 별장 자리에 만든 영주의 정원이 현재는 시민들을 위한 공원이 되었다. '일본의 역사공원 100선'에도 들어가는 이 정원은 연못 주변을 돌며 풍광을 즐기게 되어 있는 지천회유식으로 만들어졌다. 간센甘泉이라는 이름은 다도에 적합한 맑고 맛있는 물이 나온다고 해서 붙였는데, 지금은 약수를 맛볼 수는 없다.

철마다 영산홍, 수국 등의 화려한 꽃을 즐길 수 있는 곳인데, 숲속 작은 연못가를 산책하는 기분으로 쉬어 갈 수 있다. 공원 입구부터 공원 전체에 대나무를 이용해 담이나 펜스를 만들어 예스러운 느낌을 물씬 풍기며, 연못 주변으로 나무 덱도 잘 만들어 놓아서 걷기 좋다. 특히 이 정원은 단풍 명소로 유명하니, 단풍 시즌에 방문해 보자. 멀지 않은 곳에 옛 구마모토 번주의 별장이었던 히고호소카와정원도 있다 199쪽 참조.

1. 화려한 가을 단풍을 즐길 수 있는 간센엔공원 2. 운치 있는 연못 3. 대나무를 이용해 만든 멋스러운 입구

신주쿠구

라카구 la kagū
가쿠라자카神楽坂역

100년 넘는 역사를 자랑하는 출판사 신초샤新潮社의 도서 창고로 사용하던 곳을 신초샤와 일본에 감각적인 브랜드를 소개하는 회사 '사자비리그'가 함께 공동 프로젝트로 개발한 곳이다. 라카구는 일본을 대표하는 건축가 구마 겐고가 디자인 감수를 맡은 곳으로도 유명하다. 옛 모습을 살린 건물이지만, 1960년대 모습이라고 생각되지 않는 아주 모던한 느낌의 건물이다. 건물로 들어가는 동선인 경사면을 계단형 덱으로 만든 것이 돋보인다. 오래전부터 그곳에 있었던 벚나무와 오동나무가 넓찍하게 그늘을 만들어 주어 날씨가 좋은 날에는 계단에 앉아 여유를 즐기기에도 좋다.

패션, 생활 잡화, 카페, 가구, 서점, 강연장 등 세련되고 감각적인 물건들이 모여 있는 '핫'한 라이프스타일 편집숍인 라카구 건물 내부도 한번 들어가면 쉽게 나오기가 어려울 정도로 시선을 사로잡는 물건들로 가득 차 있다. 일본 특유의 아기자기한 잡화를 판매하는 아코메야 도쿄도 입점해 있어, 생활용품과 기념품을 쇼핑하기에 좋다. 건축에 관심이 많다면 멀지 않은 곳에 구마 겐고가 설계한 독창적인 디자인의 신사인 아카기신사赤城神社도 있으니 함께 들러 보자.

1. 앉아서 쉴 수 있는 계단형 덱과 아코메야 도쿄 매장 2. 오동나무와 벚나무

도쿄에서 만나는 거리의 나무들

식물은 알게 모르게 어떤 장소의 첫 인상에 결정적인 역할을 한다. 높은 콘크리트 건물들이 공간 대부분을 점유하고 있는 대도시도 마찬가지. '그린 도쿄'를 즐기고 탐험하는 여행을 계획했다면 도시에서 생활하는 사람들과 함께 살아가는 도쿄의 가로수에 주목해 보자. 서울보다 따뜻하고 습한 도쿄의 식물들은 우리와 비슷한 듯 매우 달라서, 거리의 나무들에만 시선을 돌려도 새로운 세상을 만날 수 있다.

이 책에서는 찻길 옆 인도에서 쉽게 볼 수 있는 나무 15종을 선정해 보았다. 벚나무를 제외하면 서울에서는 보기 어려운 나무들이다. 도쿄에서는 남부지방이나 제주도에 가야 볼 수 있는 나무들도 흔히 볼 수 있다. 우선 본격적으로 거리의 나무들을 이야기하기 전에 도쿄도내 전체 가로수 중 가장 많이 심은 나무를 알아보자. 도쿄도 건설국 데이터 www.kensetsu.metro.tokyo.lg.jp 2024년 8월 8일 현재에 의하면 1위는 의외의 식물 꽃산딸나무미국산딸나무 종류! 뒤를 잇는 나무는 2위 은행나무, 3위 벚나무, 4위 중국단풍, 5위 느티나무로, 우리나라에서도 흔히 볼 수 있는 수종이다.

* 일본 식물 이름은 학명이 적힌 이름표를 달고 있는 식물을 중심으로 조사한 후, 국가표준식물목록(www.nature.go.kr/kpni/index.do)에서 한국 이름을 확인했습니다. 식물 정보는 《산보길 도감 내일 만날 수 있는 수목 100(散歩道の図鑑 あした出会える樹木100)》(亀田 龍吉)도 참고했습니다. 소개는 가다나순.

개잎갈나무 | *Cedrus deodara* | 히마라야스기ヒマラヤスギ

히말라야, 아프가니스탄 원산 나무로 상록 침엽수다. 잎갈나무와 비슷하지만 개잎갈나무는 가을에 잎 색이 변하지 않는 상록성이다. 침엽수지만 잎도 촉감이 부드럽다. 히말라야 원산이라 히말라야삼나무, 히말라야시다라고도 부르지만 개잎갈나무는 소나무과 식물이다. 개잎갈나무는 도쿄 공원에서 흔히 볼 수 있고, 빌딩 앞에 심어 놓은 곳도 자주 눈에 띈다. 크고 늠름한 수형이 정말 매력적인 나무다. 회녹색 솔방울은 이듬해 가을에 갈색으로 익는데, 이 솔방울은 나무 위에서 조각조각 분해되어 흩어지면서 종자를 퍼뜨린다. 이렇게 분해되고 남는 솔방울 윗부분이 장미처럼 생겼다 해서 '시더 로즈cedar rose'라고도 부른다. 가을에 개잎갈나무 밑에서 이 '시더 로즈'를 찾아보자.

꽃산딸나무미국산딸나무 | *Cornus florida* | 하나미즈키ハナミズキ

의외로 도쿄도내 전체 가로수 중 가장 많이 볼 수 있는 나무 1위는 '하나미즈키'라 불리는 꽃산딸나무다. 봄에 도쿄를 여행하다 보면 거리, 공원, 정원 등 여러 장소에서 아주 다양한 산딸나무 품종을 만날 수 있다. 1912년 당시 도쿄시에서 미국 워싱턴시에 벚나무를 보냈더니 답례로 꽃산딸나무를 받아 일본에 들어왔다고 한다. 꽃잎처럼 보이는 것은 총포꽃대 끝에서 꽃의 밑동을 싸고 있는 조각이며, 중심에 모인 자잘한 노란색 부분이 진짜 꽃이다. 우리가 잘 아는 산딸나무와 비슷하게 생겼지만 꽃산딸나무는 총포 끝이 둥글고 약간 끝이 안으로 들어가 있으며, 딸기같이 생긴 산딸나무의 열매와는 달리 자잘한 붉은 열매 여러 개가 뭉쳐서 달린다. 꽃산딸나무는 꽃정확히 말하면 총포 색이 진한 품종도 많다.

산딸나무 종류

꽃산딸나무

나한송 | *Podocarpus macrophyllus* | 이누마키イヌマキ

주택가를 걷다 보면 산울타리 식물이나 정원수로 많이 보이는 나무다. 가늘고 긴 잎이 빽빽하게 자란다. 흰개미에 강해서 오키나와에서는 건축재로도 사용하는 나무라고 한다. 암나무와 수나무가 따로 있으며, 열매의 모습이 독특하다. 아래 노란색에서 빨간색으로 변하는 부분이 과탁열매 자루 맨 끝의 불룩한 부위, 위의 초록색 부분이 진짜 열매다.

대만뿔남천 | *Mahonia japonica* | 히이라기난텐ヒイラギナンテン

도쿄에서는 우리에게 익숙한 남천도 많이 볼 수 있지만, 대만뿔남천도 심심치 않게 보인다. 잎 가장자리가 가시가 있는 것처럼 뾰족하며, 잎자루 양쪽에 여러 개의 작은 잎이 새의 깃 모양처럼 붙어 있는데, 그 전체가 하나의 잎이다. 잎 앞은 진한 녹색인데, 뒷면은 황녹색이다. 이름에서도 알 수 있듯이 대만이 원산지이며, 봄에 자잘한 노란색 꽃을 피운다. 둥근 흑자색 열매가 달리는데, 표면에 하얀 가루가 덮여 있는 것처럼 보인다. 꽃도 단풍도 예쁜 남천난텐은 일본에서 행운을 불러오는 나무, 액막이 나무 취급을 받는다고 한다.

남천

대만뿔남천

녹나무 | *Camphora officinarum* | 구스노키クスノキ

도쿄에 가면 가로수로 심은 녹나무도 많이 보이지만, 신사나 궁에 가면 '거목'의 형태로 자리한 녹나무를 많이 볼 수 있다. 녹나무의 생김새를 한번 눈에 익히면, 도쿄 거리에서 꽤 자주 알아볼 수 있다. 상록 교목으로 건축재, 가구재 등으로 활용하기 좋아 아스카飛鳥 시대592~710부터 집, 가구, 불상 등의 재료로 많이 사용했다고 한다. 나무 전체에 방충 성분이 있어 녹나무를 먹는 벌레는 드물지만, 청띠제비나비 애벌레는 녹나무 잎을 좋아한다. 녹나무의 잎과 열매는 매우 은은한 향기가 나니 녹나무를 발견하면 향을 맡아 보자. 봄에 나오는 붉은빛 여린 잎도 아름다우며, 가을에는 녹색에서 검은색으로 익어 가는 동그란 열매도 만날 수 있다.

동백나무 | *Camellia japonica* | 야부츠바키ヤブツバキ, 藪椿

우리는 제주도나 남부지방에나 가야 흔히 볼 수 있는 동백나무를 도쿄에서는 자주 만날 수 있다. 윤이 나는 두툼하고 진한 상록성 잎, 붉은 꽃잎과 노란 수술의 조화가 매력적인 나무다. 동백나무 원종은 꽃잎이 여러 장 있는 것처럼 보이지만, 밑 부분이 하나인 통꽃이며, 꽃이 질 때도 꽃이 통째로 떨어진다. 동백나무 원예종도 많이 보이는데, 원예종들은 주로 여러 장의 꽃잎으로 이루어져 있으며, 색도 다양하다. 겨울에 꽃이 핀다 해서 '동백'이라는 이름이 붙었다고 한다. 겨울에 꽃이 피니 동백나무의 꽃가루받이는 곤충이 아닌 동박새가 해 준다. 둥글고 붉은 열매도 예쁜데, 가을에 세 갈래로 갈라지는 열매 껍질도 꽃같이 예쁘다.

미국풍나무 | *Liquidambar styraciflua* | 모미지바후우モミジバフウ

흔히 보는 단풍나무와는 뭔가 다른 느낌이라, 고로쇠나무인가 했던 나무다. 북미 원산의 미국풍나무도 가로수나 공원에서 자주 발견할 수 있다. 이름에 '풍'이 있고 잎이 단풍나무와 비슷하게 생겨 단풍나무과라고 생각할 수 있지만, 조록나무과다. 단풍나무 패밀리는 잎이 마주나지만, 풍나무 종류는 어긋나기 때문에 구분할 수 있다. 잎 모양 변이도 자주 보이며, 가을에는 가시가 붙어 있는 동그란 열매가 긴 열매자루 끝에 달린다. 가을 단풍 색도 상당히 곱다.

백합나무 | *Liriodendron tulipifera* | 유리노키ユリノキ

요즘 서울 거리에서도 간혹 볼 수 있는 백합나무는 도쿄 공원이나 거리에서 자주 발견된다. 북미 원산으로 일본에는 메이지 시대 초기에 들어왔다고 한다. 5월 정도에 작은 튤립 모양의 꽃을 피워 '튤립나무'라고도 부른다. 잎의 모양도 튤립과 비슷하게 생겼는데, 일본에서는 일본 가게 점원이나 노동자들이 흔히 입는 옷과 잎이 비슷하게 생겼다고 해서 '한텐보쿠半纏木, ハンテンボク'라고도 부른다. 가을이 되면 곱게 물든 단풍도 보기 좋고, 프로펠러처럼 회전하면서 바람을 타고 퍼지는 종자도 특이하게 생겼다.

벚나무 | *Prunus* | 사쿠라サクラ

'사쿠라'를 유난히 사랑하는 일본. '벚꽃'의 나라 일본에는 엄청나게 많은 벚나무 품종이 있다. 그래서 국화가 벚나무라고 알고 있는 사람도 있으나, 일본은 우리나라 무궁화 같은 공식 국화는 없다. 다만 왕실의 상징으로 국화 문양을 사용한다. 일본인에게 벚꽃 개화기에 맞추어 술과 음식을 차려 놓고 꽃을 감상하는 '하나미花見'는 중요한 행사다. 3월 말에서 4월 초에 벚꽃이 피기 때문에 보통 4월에 사회생활을 시작한 신입사원이 제일 처음 하는 일이 하나미 명소에 자리를 깔고 자리를 맡는 일이라는 말이 있을 정도다. 이 꽃놀이는 원래 귀족의 문화였으나, 가마쿠라鎌倉 시대1185~1333 이후에는 무사 집안 사이에서도 유행했다고 한다. 밤에 벚꽃을 보는 '요자쿠라夜桜'도 많이 사랑 받기 때문에 벚꽃 개화기에는 낮이고 밤이고 벚나무 아래에는 사람이 넘쳐난다.

이 시기에는 벚꽃이 필 것 같은 지역을 선으로 이은 벚꽃전선桜前線을 뉴스에서 자주 언급하는데, 이 벚꽃전선은 '소메이 요시노ソメイキシノ'라 불리는 일본 왕벚나무의 개화 예상일을 기준으로 작성된다. 실제로 전국적으로 가장 많은 벚나무가 바로 소메이 요시노다. 그밖에 '사토자쿠라'로 부르는 겹벚꽃이 피는 벚나무도 거리에서 자주 볼 수 있는 벚나무다. 대표적인 야생종 벚나무로는 잎과 꽃이 동시에 나는 야마자쿠라, '에도히간'이라 부르는 올벚나무, 2월 하순에서 3월 중순 일찍 진분홍색 꽃을 피우는 간히자쿠라붉은겨울벚나무 등이 있다.

비파나무 | *Eriobotrya japonica* | **비와ビワ**

역시 비파나무 하면 살구같이 생긴 맛있는 열매가 먼저 떠오른다. 초봄에 녹색이었던 열매는 점점 연한 주황빛 열매로 변하는데, 은은한 단맛이 일품이다. 겨울 최저 기온이 영하 5도 이상이 되어야 살 수 있다고 한다. 겨울에 빽빽한 갈색 털로 덮인 꽃봉오리가 벌어지며 흰 꽃이 가지 끝에 뭉쳐서 핀다. 산책하다 보면 주택가 정원에 자리한 모습을 많이 볼 수 있다.

소귀나무 | *Myrica rubra* | ヤマモモ

소귀나무를 검색하면 "제주도 한라산에서 자생하는 상록 활엽 교목이며, 열매는 양매楊梅라 불린다"라고 나온다. 한국 중부 지방에서는 쉽게 보기 힘든 나무라는 의미. 하지만 도쿄에서는 이 나무를 심심치 않게 발견할 수 있다. 먹음직스러운 붉은 열매가 열리는 암나무와 꼬리모양 꽃차례로 꽃이 피는 수나무가 따로 있는데, 가로수는 보통 거리가 덜 지저분해지는 수나무가 많다고 한다. 소귀나무의 새콤달콤한 열매는 과거에는 아이들에게 최고의 간식이었다고 한다.

수국 | *Hydrangea* | アジサイ

5월 말에서 7월 정도에 도쿄에 갔다면 거리에서 자주 만날 수 있는 식물이다. 오른쪽 페이지 사진은 메구로역 주변에서만 촬영한 수국으로, 수국 철이 되면 정말 다양한 원예종 수국을 여기저기에서 구경할 수 있다. 야생에서 많이 볼 수 있는 산수국 *Hydrangea serrata*은 수분 매개자를 유혹하는 헛꽃꽃잎처럼 보이는과 참꽃가운데 자잘한 부분으로 이루어져 있는데, 원예종들은 대부분 헛꽃으로 이루어져 있다.

아왜나무 | *Viburnum odoratissimum* | 산고주サンゴジュ

두툼하고 윤기가 흐르는 잎을 지닌 이 나무는 바닷바람이나 대기오염에 강해 도로변에 많이 심는다. 초여름에 피는 자잘한 하얀 꽃도 예쁘지만, 녹색에서 점점 짙은 붉은색으로 변하는 열매가 가지가 휠 정도로 원뿔 모양으로 잔뜩 매달리면 장관이다. 이 열매의 모습이 붉은 산호 같다 해서 '산호수'라 불린다. 잎과 줄기에 수분이 많아 가지를 잘라 불에 태우면 거품을 뿜어낸다. 물기가 많아 화재 방지를 위해 산울타리로도 많이 심는다고 한다.

치자나무 | *Gardenia jasminoides* | 구치나시クチナシ

오모테산도 거리를 걷고 있는데 어디선가 향긋한 냄새가 나서 돌아보았더니 길가 화단에 치자나무의 꽃이 피어 있었다. 길가나 정원 등에서 볼 수 있는 치자나무는 야생종보다는 대부분 꽃이 약간 더 크거나 겹꽃인 원예종이다. 치자나무는 꽃의 향기도 유명하지만, 노란색 염색에 사용하는 주황색 열매도 시선을 끈다.

홍가시나무 | *Photinia glabra* | 가나메모치 カナメモチ

우리나라 남부지방에서 자주 볼 수 있는 이 상록성 나무는 도쿄를 여행하다 보면 담장 대용 산울타리를 만드는 식물로 흔히 볼 수 있다. 옛날에는 홍가시나무로 부챗살 등을 만들었다고 한다. 꽃처럼 붉은 어린잎이 주요 특징이다. 요즘은 어린잎이 더 붉고 잎이 큰 프레이저홍가시나무 '레드 로빈' *Photinia* × *fraseri* 'Red Robin'을 더 많이 심는다고 한다.

나무 이름, 일본어로 불러 주세요

개나리	렌교 レンギョウ	상수리나무	구누기 クヌギ
느티나무	게야키 ケヤキ	소나무	마쓰 マツ
단풍나무	모미지·가에데 モミジ·カエデ	싸리	하기 ハギ
동백나무	쓰바키 ツバキ	양버즘나무	아메리카스즈카케노키 アメリカスズカケノキ
등	후지 フジ		
매실나무	우메 ウメ	영산홍	사츠키 サツキ
명자꽃	보케 ボケ	은행나무	이초 イチョウ
백목련	하쿠모쿠렌 ハクモクレン	장미	바라 バラ
복사나무	모모 モモ	중국단풍	도오카에데 トウカエデ
사철나무	마사키 マサキ	진달래·철쭉	쓰쓰지 ツツジ
산딸나무	야마보우시 ヤマボウシ	팽나무	에노키 エノキ
삼나무	스기 スギ	회화나무	엔주 エンジュ

다이토구 台東区

우에노은사공원 上野恩賜公園
우에노역

보통 우에노공원이라 부르는 이곳은 현지인들에게 많은 사랑을 받는 도쿄 최초의 국립공원으로, 도쿄의 공원 중에 가장 큰 면적을 차지한다. 왕실 땅이었는데 도쿄도에 기증했기 때문에 공식 이름에 '은사恩賜'가 붙어 있다. 이 공원은 대표적인 도쿄 시민의 휴식 공간이자 도쿄의 문화 중심지이기도 하다. 공원 안에 일본 최초의 박물관인 도쿄국립박물관, 르 코르뷔지에가 설계한 국립서양미술관, 일본 최초의 동물원이자 '자이언트팬더'로 유명한 우에노동물원, 국립과학박물관, 도쿄문화회관, 우에노모리미술관 등 중요한 일본의 문화 시설이 모여 있다.

우에노공원은 도쿄의 대표적인 벚꽃 명소다. 왕벚나무, 산벚나무, 겹벚꽃나무 등 다양한 품종의 벚나무가 700여 그루 이상 식재되어 있다. 벚꽃 시즌이면 삼삼오오 돗자리를 깔고 직접 만든 도시락이나 편의점 음식 등을 먹으며 '꽃비'를 맞으려는 사람들이 구름같이 몰려온다.

게이세이우에노京成上野역 가까운 곳에는 대규모 인공 연못 '시노바즈이케不忍池'가 있다. 여름에는 연못 위를 가득 덮은 연꽃을 볼 수 있고, 겨울에는 월동을 위해 찾아오는 철새를 구경할 수 있다. 이 연못을 내려다볼 수 있는 고조텐신사五條天神社도 들러 보면 좋겠다.

1. 벚꽃 시즌이면 발 디딜 틈 없이 사람들로 차는 우에노공원 2. 공원 분수 뒤로 도쿄국립박물관이 보인다.
3. 시노바즈이케 4. 국립서양미술관 5. 국립과학박물관 6. 정원이 예쁜 에브리원 & 카페

도쿄국립박물관 정원·도하쿠다관 東京国立博物館 庭園·東博茶館

우에노역, 우구이스다니鶯谷역

☆
다관과 정원 구경만 하고 싶어도 도쿄국립박물관 입장권(1인 1000엔)을 구입해야 한다. 박물관 1층에 있는 기념품숍은 선물 사기에 좋은 곳이다.

우에노공원 안에 있는 도쿄국립박물관 본관 뒤쪽으로 아주 멋진 일본정원이 있다. 작은 연못을 중심으로 다섯 채의 다실이 배치되어 있는데, 계절마다 피어나는 꽃과 단풍이 아름다워 박물관을 방문한 사람들이 많이 찾는다. 연못을 중심으로 한 바퀴 돌다 보면 제5대 쇼군 도쿠가와 쓰나요시가 호류지에 헌납한 오층탑과 석비, 석등 등 역사적인 흔적도 만날 수 있다.

정원에 있는 건물 중에 오쿄칸応挙館이라는 곳이 있다. 1724년 천태종 사찰 묘겐인의 서원으로 세워졌던 건물이었는데, 도쿄국립박물관이 기증받아 현재 위치에 이축되었다. 이곳은 현재 도하쿠다관으로 운영하고 있다. 다관에서 정원 풍경을 음미하며 차와 간단한 먹을거리, 술도 마실 수 있는데 가격은 조금 센 편이다.

도하쿠東博는 도쿄국립박물관의 줄임말로, 우리가 '국박'이라고 부르는 것과 같다. 도쿄국립박물관 공식 캐릭터는 도하쿠군과 유리노키ユリノキ짱이다. 도하쿠군은 고대 일본의 장식물로 흙을 구워 만든 인형의 일종인 하니와埴輪를 모델로 했으며, 유리노키짱은 도쿄국립박물관 본관 앞에 있는 거대한 백합나무의 잎을 머리에 쓰고 있는 모습이다. 이 백합나무 거목과 본관 앞쪽 느티나무는 존재감이 상당하다.

1. 박물관 본관과 백합나무 거목 2. 정원 연못 주변의 다실 3. 도하쿠다관에서 즐기는 다과 4. 박물관 뒤편 정원 풍경 5·6. 도하쿠다관 외부와 내부

다이토구

스기타마杉玉란?

이 둥그런 장식물이 가게 앞에 달려 있으면 '술을 파는 곳' 또는 '만드는 곳'이라는 의미다. 이 스기타마는 삼나무杉 잎으로 만든다. 예로부터 일본 술집이나 주조장 처마 끝에는 새 술을 빚었다는 표시로 이 스기타마를 매달았다고 한다. 대개 좋은 술이 만들어지기를 바라는 마음을 담아, 술의 신에게 감사를 표하며 2~3월에 만든다. 새로 만든 스기타마는 초록색이지만 시간이 흐르면서 갈색으로 변한다. 즉, 공의 색이 술의 숙성 정도를 보여 준다는 의미. 이 스기타마가 달려 있는 도하쿠다관에서는 당연히 일본 술을 맛볼 수 있다.

루트북스 ROUTE BOOKS
우에노역

히가시우에노 뒷골목에 자리 잡은 매력적인 북카페다. '책, 카페, 식물, 가구'를 콘셉트로 한 곳으로, 오랜 시간 목공소로 사용하다 비어 있었던 건물을 유쿠이도YUKUIDO라는 회사가 이렇게 변신시켰다. 이 공간에서 나온 폐자재를 이용해 직접 만들었다는 테이블과 의자 등 가구도 하나하나 눈길을 끈다. 입구 왼쪽에는 베이커리ROUTE Pain가 있고, 오른쪽으로 들어가면 북카페가 있다. 홈페이지route-books.com 정보에 의하면 작은 출판사의 개성 있는 책이나 독립 출판물 등을 중심으로 큐레이션하고 있다고 한다. 식물이 중요한 테마인 곳이라 식물·정원 관련 서적이 모여 있는 코너도 눈에 띈다. 음료와 간단한 먹을거리도 꽤 괜찮고, 2층에는 도자기 체험을 할 수 있는 공간도 마련되어 있다.

1. 이국적인 식물들로 가득한 루트북스 외부 2. 개성 있는 책 큐레이션이 돋보이는 서점 3. 실내식물을 잘 활용한 카페 내부 4. 2층의 도자 체험 공간

다이토구

야나카레이엔·야나카긴자 谷中靈園·谷中銀座
닛포리日暮里역

우리와는 다르게 도쿄를 여행하다 보면 주택가나 사찰 주변에서 크고 작은 공원묘지를 만나게 된다. 야나카레이엔은 큰 규모의 도심 공원묘지로, 죽은 자들과 함께 오랜 시간을 살아온 커다란 벚나무들이 묘지 주변에 줄을 서 있다. 벚나무는 가을 단풍도 예쁘기 때문에 가을에도 운치가 있다. 야나카레이엔에는 일본의 마지막 쇼군인 도쿠가와 요시노부를 비롯해 메이지 시대의 유명 화가, 작가, 배우, 정치가 등 알려진 인물들이 묻혀 있다고 한다. 오래된 묘비 사이를 걷다 보면 마음이 차분해지는 느낌을 받게 된다. 걷다 보면 천왕사 天王寺라는 사찰도 있으니 들러 보자.

야나카레이엔과 가까운 곳에는 옛 서민적인 도쿄의 분위기를 느낄 수 있는 '야나카긴자' 상점가가 있어 함께 들르기 좋다. 좁은 골목길에 전통 일본 과자, 공예품, 길거리 음식을 파는 상점과 작은 카페 등이 줄지어 있다. 야나카긴자는 '고양이 마을'로도 유명해서 고양이를 좋아하는 사람들이라면 그냥 지나칠 수 없다. 어디서나 고양이들이 사람들을 반기며, 상점에서 고양이 관련 굿즈를 많이 볼 수 있다. 야나카긴자 입구의 계단길은 유명한 '일몰 맛집'으로 날이 좋으면 해 질 녘 풍경을 사진에 담으려는 사람들로 계단이 붐빈다. 발길 닿는 대로 근처 주택가 산책도 해 보자. 작은 집마다 자신의 취향에 맞게 작은 화단을 가꾸어 놓아서, 들여다보는 재미가 있다.

1·2. 봄이면 벚꽃으로 화려해지는 공원묘지 야나카레이엔 3. 일몰 무렵 풍경을 즐기기 좋은 야나카긴자 입구 계단
4. 청동 좌불상으로 유명한 천왕사 5. 서민적인 도쿄 분위기를 느낄 수 있는 야나카긴자 상점가

다이토구

구 이와사키저택정원 旧 岩崎邸庭園
유시마湯島역

미쓰비시 창립자의 장남이 세운 저택이었는데, 현재는 도쿄도가 관리하는 공공 공간이다. 입구에 들어서면 여기가 일본인가 싶게 유럽 궁전 같은 서양관이 모습을 드러낸다. 이 메이지 시대 대표적인 서양식 건축물을 보며 과거 일본 재벌의 호화로운 생활을 상상해 볼 수 있다. 잘 관리된 내부도 구경할 수 있는데, 타일·벽지·가구 등 곳곳의 디테일이 매우 화려하다. 작품 같은 멋진 생화 장식도 관람객의 시선을 끈다.

서양관과 연결된 일본관도 있고 옛 당구장도 볼 수 있다. 과거에는 넓은 부지에 20개의 건물이 있었다는데, 현재는 세 동만 남아 있다. 넓은 잔디밭과 수백 년 된 커다란 은행나무, 이국적인 분위기를 자아내는 야자수 등도 인상적이고, 석등과 돌로 장식된 작은 일본정원도 멋지다. 서양문화와 일본문화가 섞인 일본 근대의 한 단면을 볼 수 있는 곳이다. 입장료는 400엔이며, 건물 내부는 신발을 벗고 입장해야 한다.

1. 유럽의 궁전을 연상시키는 서양관 2. 은행나무 거목과 야자수 3. 건물 내부에서 보는 잔디밭 4. 호화로운 실내 곳곳에 생화 장식이 있어 눈길을 끈다.

리쿠기엔 六義園

고마고메駒込역

☆
입장료는 일반 300엔인데, 기타구에 있는 구 후루카와 정원도 입장할 수 있는 패스는 400엔이니, 두 곳을 모두 돌아볼 예정이라면 세트 티켓을 구입하자.

일본의 제5대 쇼군 도쿠가와 쓰나요시의 신임이 두터웠던 가와고에의 지방 영주 야나기사와 요시야스가 1702년에 지은 정원으로, 도쿠가와 쓰나요시가 즐겨 찾았던 곳이다. 일본 전통 정형시 '와카和歌'의 정취를 느낄 수 있도록 와카에 등장하는 명승지, 중국 고전에 등장하는 경관 등이 정원에 표현되어 있다고 한다. 에도 시대를 대표하는 다이묘 정원 중에 하나로, 메이지 시대에 미쓰비시의 창업자인 이와사키 야타로의 별장으로 사용되다가, 이와사키 가문이 도쿄도에 기증한 후 국가 특별명승으로 지정되었다. 정원은 연못 주변을 걸으며 석가산정원에 돌을 모아 쌓아서 만든 산을 비롯해 다채롭게 변하는 경치를 즐기는 지천회유식이다.

벚꽃 시즌에 정원에 가면 가장 먼저 압도적인 비주얼의 벚나무가 사람들을 홀린다. 가지가 땅에 닿을 정도로 축축 늘어진 이 '수양벚나무'에 꽃이 활짝 피면 마치 분홍빛 불꽃놀이의 한 장면을 보는 느낌이 든다. 오랜 역사를 자랑하는 곳답게 소나무, 단풍나무, 느티나무, 녹나무 등의 거목이 곳곳에 서 있고, 영산홍 등 진달래속 식물과 수국, 꽃창포, 연 등이 봄과 여름 정원 곳곳을 환하게 밝혀 준다. 이 정원은 가을 단풍 시즌이 아름답기로도 유명하다.

연못 주위로 보이는 경치가 조금씩 다른 세 개의 찻집이 있는데, 산책하다가 말차와 일본 과자 세트를 즐기며 리쿠기엔의 풍경을 음미해 보자. 특히 쓰쓰지차야는 메이지시대에 철쭉 목재로 지은 곳으로 이곳 주변의 단풍은 특히 아

1. 정원에서 가장 높은 후지시로 고개에서 내려다본 정원 전경 2. 연못 중심으로 경치를 즐기는 지천회유식 정원
3. 쓰쓰지차야 4. 다키미차야

름답기로 소문이 자자하다. 다키미차야에서는 폭포와 돌, 물소리를 즐길 수 있다. 정원에서 가장 높은 곳인 후지시로 고개에 오르면, 정원을 한눈에 내려다볼 수 있다. 리쿠기엔에서 사람들이 가장 사진을 많이 찍는 장소는 시 한 수가 절로 나올 것 같은 운치 있는 다리다. 정원에는 네 개의 흙다리土橋가 있는데, 기왓장 틈새에서 자라난 풀이 다리에 멋진 녹색 옷을 입혀 준다. '밤을 가로지르는 달의 그림자'라는 노래에서 이름을 딴 돌다리 '도게쓰바시'도 멋지다.

1. 돌다리 도게쓰바시

동양문고東洋文庫뮤지엄 · 오리엔트카페 Orient Café

리쿠기엔 산책을 마치고 들르기 좋은 곳이다. 세계 5대 동양학 연구 도서관 중 하나로 손꼽히는 동양문고뮤지엄은 미쓰비시 3대 사장이었던 이와사키 히사야가 조지 어네스트 모리슨의 장서를 구입해 만든 곳이다. 국보 다섯 점을 비롯해 중요한 문화재급 자료를 다수 소장하고 있다. 뮤지엄 안에 있는 '모리슨 서고'는 '일본에서 가장 아름다운 책장'이라는 별명이 있다. 이 뮤지엄을 나와 레스토랑 겸 카페인 오리엔트 카페로 가는 길은 '지혜의 오솔길'이라 불린다. 한쪽은 단풍나무 등 교목이 줄지어 서 있고, 한쪽 검은 벽면에 여러 나라 언어로 '지혜의 말씀'이 적혀 있다. 정갈한 정원을 바라보며 차나 음식을 먹을 수 있는 오리엔트카페 창가 자리는 인기가 높다. 동양문고뮤지엄의 입장료는 900엔이며, 2024년 말부터 2026년 1월 중순까지 시설 공사로 임시 휴관한다.

> 분쿄구

고이시카와고라쿠엔 小石川後楽園
고라쿠엔역

☆
야구를 좋아한다면 정원 산책과 함께 근처의 도쿄돔도 구경해 보자. 도쿄돔은 일본에서 가장 큰 돔구장이자 일본 프로야구 인기 팀 요미우리 자이언츠의 홈구장이라 요미우리 자이언츠 공식 숍도 구경할 수 있다. 아이와 함께 갔다면 놀이공원인 도쿄돔시티를, 실내 온천과 스파를 즐기고 싶다면 스파라쿠아를 들르면 된다.

도쿄에 단 두 곳밖에 없는 특별명승·특별사적으로 지정된 정원이다또 한 곳은 하마리큐은사정원. 1938년에 문을 열었으며, 에도 시대 미토 도쿠가와 가문의 초대 영주인 도쿠가와 요리후사가 세우고, 2대 미토 번주였던 도쿠가와 미쓰쿠니 시대에 완성했다. 에도 시대 다이묘 정원 중에 가장 오래된 정원인 이곳은 연못이 중심인 지천회유식 정원인데, 곳곳에서 중국의 정취를 느낄 수 있는 풍경이 많다는 것이 특징이다.

예를 들면 조성할 때 중국 명나라 문신의 의견을 받아들여 만든 엔게쓰교圓月橋 같은 다리다. 다리가 수면에 비친 모습이 보름달 같다 해서 이런 이름이 붙었다고 한다. 세이코노쓰쓰미西湖の堤도 중국 항저우에 있는 서호의 둑을 본떠 만든 둑이며, 크고 작은 자연석과 가공한 돌을 조합한 중국식 바닥 길인 노베단도 볼 수 있다. 동백나무, 벚나무, 등, 수련, 꽃창포 등 계절이 바뀔 때마다 정원에서 다양한 식물의 꽃을 볼 수 있는데, 특히 도쿠가와 미쓰쿠니가 호를 '우메사토梅里'라 정했을 정도로 매화를 좋아해 30종류의 매실나무가 있다고 한다.

또 특이하게 정원에 논이 있다. 미쓰쿠니가 농민들의 노고를 가르치기 위해 만들었다고 한다. 실제로 분쿄구의 초등학생들이 와서 모내기와 벼 베기를 하는 등 농사 체험장으로도 이용하고 있다.

1. 연못 중심으로 풍광을 즐기는 지천회유식 정원 2. 서호의 둑을 본떠 만든 세이코노쓰쓰미 3. 엔게쓰교
4. 수련으로 덮인 연못 5. 입구 6. 정원에 만들어 놓은 논

> 분쿄구

구 야스다구스오저택정원 旧安田楠雄邸庭園

센다기千駄木역, 닛포리역

☆
수요일과 토요일에만 문을 열며, 오전 10시 30분에 문을 열고 오후 4시에 닫기 때문에 들르고 싶다면 미리 여행 스케줄을 잘 짜야 한다. 입장료는 일반 500엔. 야나카긴자가 그리 멀지 않은 곳에 있어 함께 돌아보면 좋다.

센다기역에서 도보 약 7분, 나리타공항으로 가는 고속철 스카이라이너 탑승역으로 많이 알려진 닛포리역에서 도보 15분 정도 걸으면 세월의 흔적이 묻어나는 오래된 건물이 나타난다. 1919년 '도시마엔1929년에 만들어진 네리마구의 놀이공원. 현재는 해리포터스튜디오가 들어서 있다'을 세운 후지타 요시자부로가 지은 저택으로, 금융 재벌 야스다의 창업자 야스다 젠지로의 사위가 구입해 장남 야스다 구스오가 물려받았다.

이 1900년대 초기 저택은 전통적인 일본 건축이지만 1층 내부에 당시 상류층의 생활을 엿볼 수 있는 서양식 응접실도 갖추고 있는 등 동서양의 문화가 건물에 함께 어우러져 있다. 2층에서는 잘 관리된 정원과 오래된 키 큰 나무를 바라보며 한적한 시간을 즐길 수 있다.

1·2. 문화재로 지정된 고택과 잘 관리된 정원 3·4. 일본 건축이지만 실내에서 동서양 문화를 모두 만날 수 있다.

분쿄구

하토야마회관 鳩山会館

고코구지護国寺역, 에도가와바시江戸川橋역

일본의 총리대신이었던 하토야마 이치로가 1924년에 세운 저택이다. 하토야마는 이 영국식 저택에서 자유당 창당, 소일국교정상화 등 일본 근대 정치사의 중요한 페이지를 장식할 일들을 했다. 총리의 공적을 기념하기 위해 보수 공사를 거쳐 1996년에 하토야마회관으로 새롭게 문을 열었다. 당시에는 보기 어려웠던 철근 콘크리트 구조로 지어졌으며, 잔디밭 주변으로 영산홍, 장미 등 화려한 색의 꽃이 피는 관목들이 식재되어 있다. 140여 그루의 장미에서 꽃이 만개할 때면 특히 많은 사람이 찾는다. 내부도 관람할 수 있는데, 섬세한 스테인드글라스 장식이 되어 있는 창이 시선을 끈다. 영화나 드라마, 광고 촬영지로도 인기가 높다고 한다. 입장료는 일반 600엔이며 오후 4시에 문을 닫는다.

1. 장미로 유명한 옛 총리대신의 영국식 저택 2. 실내 창으로 보이는 아름다운 정원 풍경

히고호소카와정원 肥後細川庭園

와세다早稲田역

간센엔공원과 함께 와세다역 근처에 숨은 단풍 명소다. 에도 시대 구마모토 번주의 저택이 있었던 곳에 조성한 정원으로, 봄과 여름에도 매실나무, 벚나무, 꽃창포 등 다양한 식물이 화려하게 꽃을 피운다. 11월 말에서 12월 첫째 주 정도에 한정된 기간 야간 조명이 설치되면 아담한 정원이 화려하게 빛난다. 단풍 시즌에 가면 연못 주변의 나무에 특이한 것이 설치되어 있는 모습을 볼 수 있다. 바로 눈의 무게 때문에 가지가 부러지지 않도록 밧줄로 나뭇가지를 원뿔 모양으로 연결한 유키즈리雪吊り다. 늦가을에 일본정원에 가면 설치미술 같기도 한 이 유키즈리를 종종 보게 된다. 정원 근처에는 호소카와 가문의 컬렉션을 중심으로 국보와 중요문화재를 다수 소장하고 있는 에이세이문고미술관永靑文庫도 있다.

1. 단풍철에 특히 아름답게 변하는 정원 2. 에이세이문고미술관

| 분쿄구 |

고이시카와식물원 小石川植物園

하쿠산白山역, 묘가다니茗荷谷역

공식 명칭은 '도쿄대학 대학원 이학계 연구과 부속 식물원'으로, 1875년에 시작된 일본 최초의 식물원이다. 식물원 입구를 지나면 거대한 개잎갈나무와 오래된 건물이 나타나 시선을 사로잡는다. 크게 한 바퀴 돌다 보면 왕벚나무, 단풍나무, 녹나무, 메타세쿼이아, 매실나무, 호두나무, 오리나무, 백합나무, 후박나무, 회화나무, 배롱나무, 모감주나무, 낙우송 등이 보이는데, 자리 잡고 있는 나무들의 사이즈가 예사롭지 않다.

이 식물원의 가장 유명한 식물은 은행나무다. 1896년 히라세 사쿠고로가 이 식물원의 은행나무를 연구하다 동물처럼 운동성이 있는 은행나무의 정자를 발견했다고 한다. 이 나무 밑에는 1956년 정자 발견 60주년을 기념하는 기념비도 세워져 있다. 식물원에는 실험에 사용했던 포도의 후손도 있고, 뉴턴 생가에 있던 사과나무의 나뭇가지를 접목해 기르고 있는 사과나무도 있다.

2019년에 준공된 온실 안에서는 연구·교육 목적으로 수집된 다양한 식물을 만날 수 있다. 오가사와라제도의 멸종위기식물 보호 증식 사업도 진행하고 있어 '멸종위기종' 표시를 달고 있는 식물도 만날 수 있다. 유서 깊은 식물학 연구기관답게 주요 과를 대표하는 500여 종의 식물을 앵글러 분류체계에 따라 배열한 분류표본원도 있고, 원래 약초원에서 시작한 곳답게 120종의 약용식물을 재배하고 있는 곳도 볼 수 있다.

1. 가을에 인기 있는 단풍나무길 2. 희귀식물을 만날 수 있는 온실 3. 연구 목적의 화단 4. 은행나무 정자 발견 기념비 5. 입구의 거대한 개잎갈나무 6. 역사를 말해 주는 듯한 오래된 건물

도덴아라카와선 노선도

★ 벚꽃 명소

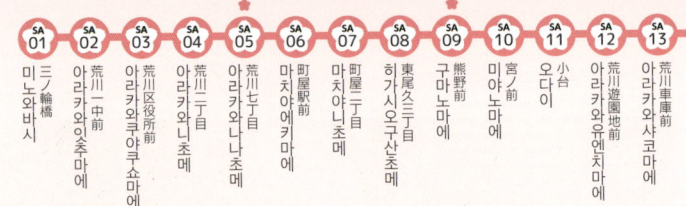

SA 01	SA 02	SA 03	SA 04	SA 05	SA 06	SA 07	SA 08	SA 09	SA 10	SA 11	SA 12	SA 13
三ノ輪橋 미노와바시	荒川一中前 아라카와잇추마에	荒川区役所前 아라카와쿠야쿠쇼마에	荒川二丁目 아라카와니초메	荒川七丁目 아라카와나나초메	町屋駅前 마치야에키마에	町屋二丁目 마치야니초메	東尾久三丁目 히가시오구산초메	熊野前 구마노마에	宮ノ前 미야노마에	小台 오다이	荒川遊園地前 아라카와유엔치마에	荒川車庫前 아라카와샤코마에

'사쿠라 트램' 타고 특별한 '꽃놀이'

도쿄에는 아직도 1911년에 개통한 노면전차가 다닌다. 정식 이름은 '도덴아라카와선 都電荒川線'이지만 '도쿄 사쿠라 트램'으로 더 많이 불린다. 운행 차량은 단 1량! 미노와바시역에서 와세다역까지 총 30개의 정류장이 있다. 전차 대부분이 도로와 분리된 전용 궤도 위에서 움직여서 막힐 일도 없고, 400엔 1일권을 사면 몇 번이고 이용할 수 있어서 하루는 사쿠라 트램 노선을 이용한 여행 일정을 계획해 보아도 좋겠다. 대단한 관광지라 할 만한 곳은 없지만 벚꽃 시즌에 찾아갈 만한 곳이 많고, 한적한 분위기의 도쿄 골목을 즐길 수 있다. 도덴아라카와선 1일권은 미노와바시역에서는 '미노와바시 추억관'에서 구매할 수 있지만, 다른 역은 모두 무인역이라 전차에 탄 후 운전기사에게 1일권을 바로 구입하면 된다.

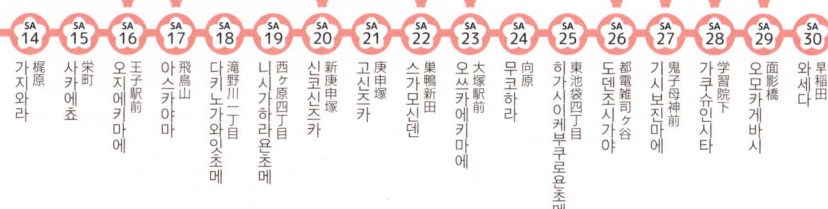

🚋 미노와바시역

한국의 재래시장 느낌의 일본 상점가보통 아치형 지붕이 덮인 아케이드 형태 구경도 무척 재미있다. 일본도 지역 상점가가 점점 사라지는 추세이기는 하지만, 여전히 이런 지역 상점가에 가면 오랜 역사를 자랑하는 가게도 많고, 상점가에서만 볼 수 있는 독특한 상품도 만날 수 있다. 미노와바시역 근처의 '조이풀 미노와'에 가면 채소가게, 반찬가게, 과일가게, 옷가게, 목욕탕 등 옛 도쿄의 정취를 느낄 수 있는 개성 있는 가게들을 만날 수 있다. 미노와는 일본의 서민적인 분위기의 번화가를 의미하는 '시타마치 下町' 느낌이 나는 동네라 상점가 규모가 그리 크지는 않으며, 일찍 문을 닫는 가게들도 있으니 참고하자.

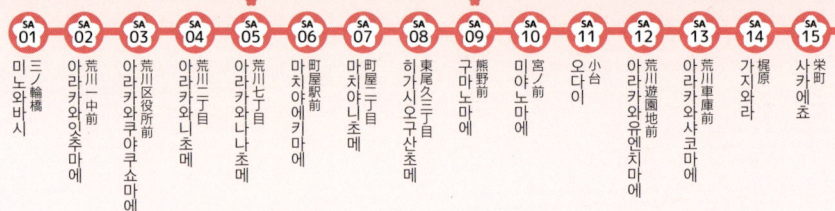

🚃 아라카와니초메역

도쿄도 '신도쿄백경新東京百景'으로 선정된 아라카와자연공원荒川自然公園은 봄이면 만개한 왕벚나무꽃이 사람들의 눈을 현혹시키는 곳이다. 벚꽃 시즌이 되면 사쿠라 트램 안에서도 미카와시마물재생센터三河島水再生センター와 아라카와자연공원의 벚꽃을 볼 수 있다.

🚃 구마노마에역

오구노하라공원尾久の原公園에서 꽃놀이를 즐길 수 있다. 공장 부지에 만들어진 아라카와구 유일의 도립 공원이다.

🚃 오지에키마에역

일본의 도시공원 100선에도 선정된 오토나시신스이공원音無親水公園은 샤쿠지이강石神井川 옛 유로를 정비해 조성한 공원으로 벚꽃 시즌이 되면 아름답게 변신한다. 물레방아, 아치형 다리가 예스러운 느낌을 풍기는 곳이다.

오토나시신스이공원

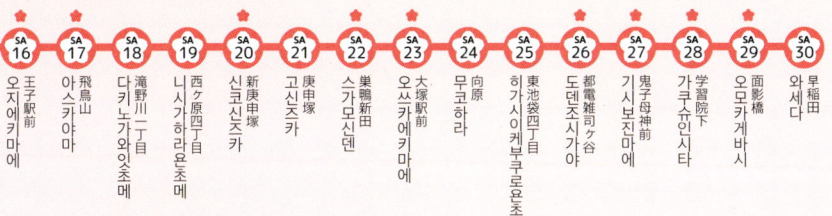

SA 17 아스카야마역

오토나시신스이공원 맞은편에 위치한 아스카야마공원飛鳥山公園도 함께 들러 볼 만하다. 제8대 쇼군인 요시무네가 에도 서민들을 위해 만들었다고 한다. 600여 그루의 벚나무가 식재되어 있는 벚꽃 명소로, 벚꽃 시즌에는 밤에도 조명 아래에서 꽃놀이를 즐기는 사람들로 가득하다. 벚꽃 시즌이면 아스카야마공원 앞 육교 위에서 사진을 찍는 사람들을 유난히 많이 볼 수 있다. 분홍 벚꽃길 사이로 사쿠라 트램이 지나가는 풍경을 찍으려는 사람들이다.

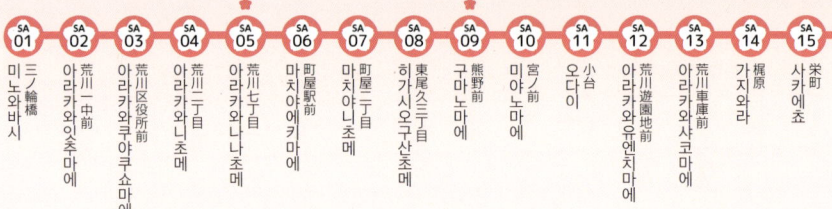

🚉 신코신즈카역

미나미이케부쿠로 주택가 안에 자리한 공동묘지 소메이레이엔染井霊園도 차분한 분위기에서 산책을 즐기기 좋다. 벚꽃 명소인 묘지로는 우에노의 야나카레이엔이 유명한데 사람이 너무 많다는 것이 흠이다. 조용히 꽃비를 맞으며 산책하고 싶은 사람에게는 소메이레이엔이 더 나은 선택일 수 있다. 이 묘지에는 도쿠가와 이에야스 장군의 일파인 미토 도쿠가와 가문의 사람 등 여러 유명인이 묻혀 있다고 한다. 역에서 묘지까지 가려면 좁은 주택가를 지나가야 하는데, 자전거가 많이 다니니 코너에서는 주변을 잘 확인하면서 걷도록 하자.

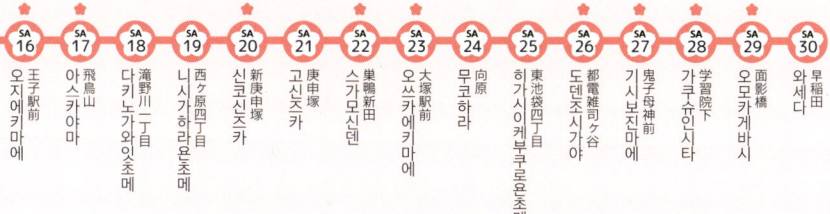

🔴SA 21 고신즈카역

부모님과 갔다면 고신즈카역에 내려 스가모 지조도리 상점가巣鴨地蔵通り商店街를 둘러보자. 스가모는 '노인들의 하라주쿠'로 불리는 곳으로 고령층을 대상으로 한 가게가 많다.

🔴SA 22 스가모신덴역

에도 시대에 건설된 우츠세미다리空蝉橋周辺 주변도 벚꽃을 즐기며 산책하기 좋은 곳이다. '우츠세미'는 매미 허물을 의미하는 단어로, 자연의 순환과 재생을 상징한다. 다리가 사람과 물자를 연결해 새로운 기회를 제공하는 역할을 한다는 뜻도 이름에 담겨 있다고 한다. 과거에는 나무 다리였지만 지금은 콘크리트 형태로 복원되어 있다. 작은 다리 옆으로 벚나무가 식재되어 있으며, 다리 위에서는 도쿄의 랜드마크인 스카이트리도 보인다. JR야마노테선 오쓰카역 북쪽 출구에서도 가깝다.

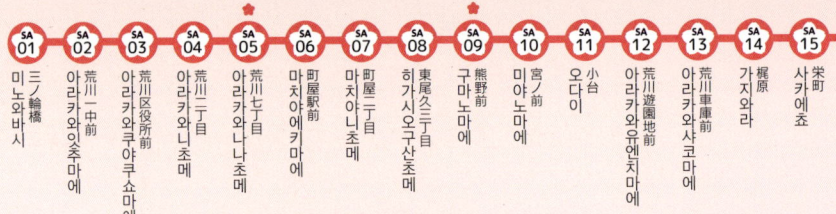

🚉 오쓰카에키마에역   🚉 무코하라역

유명한 벚꽃 명소 미나미오쓰카 산초메 사쿠라나미키거리三丁目桜並木通り가 있다. 30년 넘게 지역 주민들이 소중하게 지켜 온 이곳에서는 벚꽃 시즌에 '미나미오쓰카 사쿠라 마츠리'를 연다. 600미터나 이어지는 가로수길 양쪽으로 벚나무가 서 있어 '벚꽃터널'을 즐길 수 있고, 벚꽃축제가 열릴 때는 불이 환하게 밝혀지기 때문에 밤에도 사람이 많이 몰린다. 벚꽃터널 끝에 가면 노면전차가 달리는 예스러운 풍경도 볼 수 있다. JR야마노테선 오쓰카역에서도 가깝다.

🚉 도덴조시가야역

700여 년의 역사를 자랑하는 호묘지法明寺 벚꽃길은 에도 시대부터 벚꽃놀이 명소로 알려져 있지만, 관광객보다는 현지인들이 주로 다니는 곳이다. 벚꽃 시즌이면 절 입구로 이어지는 참배길과 절 입구에 활짝 핀 벚꽃이 고즈넉한 절의 분위기와 썩 잘 어울린다. 벚꽃 시즌에는 참배길에 먹을거리를 파는 포장마차가 늘어선다. 다음 역인 기시진보마에역에서도 가깝다.

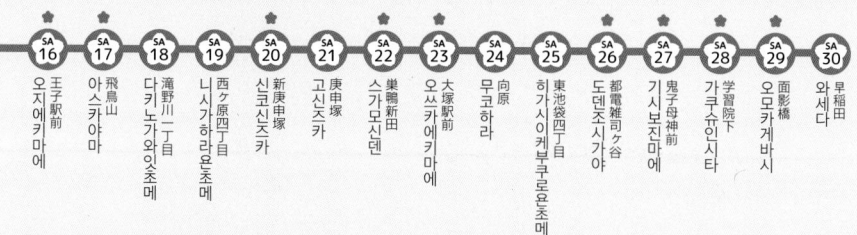

🚉 기시진보마에역

이 역 근처에는 조시가야키시모신당雜司ヶ谷鬼子母神堂이 있다. 귀자모신鬼子母神, 임신과 출산, 자녀 양육의 수호신이라 불리는 불교의 호법신을 모시는 곳이다. 가는 길에 만날 수 있는 느티나무 고목과 신당 안에 있는 은행나무 고목도 볼거리 중 하나다. 일본에서 가장 오래된 과자가게라는 가미카와구치야上川口屋도 이 절에 갔다면 꼭 가 보아야 할 곳이다. 이 신사 근처에는 나쓰메 소세키의 묘가 있는 조시가야레이엔도 있다. 조시가야는 나쓰메 소세키의 소설 〈마음〉의 배경이 된 곳이기도 하다.

🚉 가쿠슈인시타역   🚉 오모카게바시역

다카토바시高戸橋는 간다강神田川에서 가까운 유명한 사진 명소다. 매년 벚꽃이 필 때면 사쿠라 트램과 만개한 벚꽃을 동시에 찍으려는 사람들로 엄청 붐빈다.

🚉 와세다역

역 가까운 곳에 1882년에 개교한 일본의 명문대학 와세다대학교가 있다. 2021년에 구마 겐고가 설계하고 무라카미 하루키의 동창인 야나이 다다시 유니클로 회장이 기부해 지어진 무라카미하루키도서관와세다국제문학관 때문에 와세다대학교를 찾는 문학 팬들이 많아졌다. 이왕 여기 내렸다면 근처 간다강 건너편에 있는 아름다운 히고호소카와정원도 함께 들러 보자. 와세다대학교 왼쪽의 간센엔공원도 좋은 산책 장소다.

메구로천공정원 目黒天空庭園

이케지리오하시池尻大橋역

☆
오하시도서관이 있는 크로스에어타워(CROSS AIR TOWER)를 찾아서 엘리베이터를 타고 9층으로 올라가면 메구로천공정원으로 연결된다. 크로스에어타워 근처에 메구로천공정원으로 올라가는 길이 있지만, 엘리베이터로 올라갔다가 천천히 경사면을 따라 내려오면서 정원을 즐기는 것이 몸이 편하다. 오전 7시부터 저녁 9시까지 오픈한다.

오하시 JTC고속도로 분기점 옥상에 만들어진 곳으로 지상 7~35미터 높이의 둥근 기둥 형태로 만들어진, 세계 어디에서도 볼 수 없는 독특한 정원이다. 고속도로가 교차하는 곳은 배기가스가 대량으로 배출될 뿐만 아니라 소음 문제도 있어 도시 내에서 큰 골칫거리 중 하나다. 이러한 교차점에 고속도로 자체를 덮는 콘크리트 벽을 세우면서 동시에 정원을 함께 만들어 시민들에게 휴게 공간으로 되돌려 준 좋은 사례다. 정원에 가면 사계절 자연과 일본의 문화를 즐길 수 있는 11개의 작은 정원들이 줄지어 조성되어 있으며, 다양한 높이에서 도쿄 시내를 내려다볼 수 있다. 특히, 이곳은 벚꽃 시즌에는 사람들로 혼잡한 강변을 피해 분홍색으로 물든 메구로 강변을 조망할 수 있는 좋은 장소다.

정원 한쪽에는 자원봉사자들이 가꾸는 텃밭이 있으며, 포도도 직접 재배하여 공원의 이름을 딴 '천공정원'이라는 포도주를 생산하고 있다고 한다. 9월경에 수확하고, 11월경에 열리는 축제에서 포도주뿐만 아니라 직접 재배한 채소와 허브를 넣어 만든 요리도 판매한다고 하니 일정이 허락한다면 한번 방문해 보자. 로마에 있는 콜로세움의 형태와 비슷하게 만들어진 천공정원의 내부 중앙 1층에는 오푸스유메히로바オーパス夢広場라는 공공 공간이 조성되어 있어, 사람들이 운동·산책·휴식 등 다양한 목적으로 이용하고 있다.

1. 스카이라인이 보이는 정원 2. 산책로 4. 포도덩굴 3·5. 곳곳에 마련되어 있는 쉼터 6. 텃밭

메구로구

산책하기 좋은 메구로강 주변 길

메구로천공정원을 둘러본 후에 함께 보기 좋은 장소로 도호대학의료센터 오하시병원 앞쪽 메구로강 변에 조성된 산책길 '메구로카와미도리미치目黒川緑道'가 있다. 맑은 물이 흐르는 길을 따라 크고 작은 정원들이 잘 만들어져 있어, 복잡한 도쿄 시내와는 다른 한적한 분위기 속에서 여유 있는 시간을 즐길 수 있다. 줄지어 식재된 벚나무 아래로 소철, 병꽃나무, 좀작살나무, 조팝나무, 마삭줄, 고사리, 털머위 등 다양한 나무와 초화류가 있어 식물 하나하나와 눈을 맞추다 보면 심심할 틈이 없다. 다만 생각보다 코스가 아주 길기 때문에 시간을 정해 놓고 걷거나 지도를 보면서 움직이자.

한국에서도 리메이크한 일본 인기 드라마 〈최고의 이혼〉의 촬영지로도 유명한 메구로강 주변은 도쿄에서 가장 유명한 벚꽃 명소다. 강 양쪽으로 약 800그루의 벚나무가 1킬로미터 정도 식재되어 있는데, 강 위로 만들어지는 벚꽃 터널이 매우 아름답다. 벚꽃 시즌이 되면 조명이 켜져 환상적인 야경을 연출한다. 강변을 따라 잘 관리된 산책로도 있고, 주변에 세련된 카페, 레스토랑, 바, 인테리어 숍도 있어서 관광객은 물론이고 주민들에게도 매우 인기 있는 휴식 공간이다. 벚꽃 시즌에 진행하는 야간 점등 시간이 그리 길지 않고8시 종료, 사람들이 매우 많이 몰리기 때문에 방문 계획을 세울 때 고려해야 한다. 보통 메구로강 벚꽃길 구경은 나카메구로中目黒역에서 시작하는 경우가 많다.

1. 벚꽃 시즌마다 밤에 조명이 켜져 '밤벚꽃놀이'를 즐기러 나오는 이들이 많다. 2~5. 산책하며 만날 수 있는 강변 풍경

메구로구

브로캉트 BROCANTE
지유가오카自由が丘역

☆
오후 1시부터 6시까지만 문을 열며, 화~목요일은 휴일이니 방문하고 싶은 사람은 기억해 두자. 자세한 내용은 홈페이지 참조. brocante-jp.biz 국내에 브로캉트의 대표인 마쓰다 유키히로가 쓴 책 《처음 시작하는 구근식물 가드닝》(한스미디어)이 번역되어 있다.

프랑스어로 '골동품상점'을 의미하는 브로캉트는 어렸을 때부터 식물에 관심이 많아 조경 일을 하게 된 마쓰다 유키히로가 2002년에 만든 브랜드다. 세련된 카페, 베이커리, 갤러리, 인테리어 숍 등이 즐비해 관광객들이 많이 찾는 지유가오카에 정원디자인과 시공을 하는 업체 사무실과 프랑스에서 구매한 빈티지를 취급하는 편집숍이 위치해 있다.

1층은 프랑스에서 직수입한 빈티지 가구와 세월의 흔적이 듬뿍 묻어 있는 그릇이나 아기자기한 잡화를 구경할 수 있고, 2층에 가면 식물과 정원에 관심 있는 사람이라면 혹할 만한 '시딩seeding'이라는 공간이 있다. 여기서 전시하고 판매하는 식물을 구경하다 보면 시간이 훌쩍 간다. 점원들이 식물에 관해 질문하면 친절하고 자세히 안내해 준다. 건물 외부에 자리를 차지하고 있는 화단의 식물을 구경하는 재미도 쏠쏠하다.

1. 식물로 둘러싸인 매장 입구 2·4·5. 다양한 식물을 전시하고 판매하는 공간 '시딩' 3. 프랑스에서 온 빈티지 가구와 잡화를 판매하는 1층 공간

메구로구

고소안 古桑庵
지유가오카역

이 운치 있는 오래된 일본 가옥 카페는 아담한 정원을 바라보며 다다미방에 앉아 차를 즐길 수 있는 곳이다 지유가오카역에서 조금 떨어져 있는 편이지만, 가는 길에 세련된 카페와 아기자기한 가게들이 많아 구경하는 재미가 있다. 이 오래된 집은 인형작가 와타나베 후쿠코의 집이자 찻집이며 그의 작품을 전시하는 갤러리이기도 하다.

고소안이라는 이름은 나쓰메 소세키의 사위인 소설가 마쓰오카 유즈루가 지은 것이다. 이름에 뽕나무 '상桑'자가 들어 있는데, 1954년에 완성한 이 집의 다실이 뽕나무로 만든 것이라고 한다. 다실에는 집주인이 만든 인형과 수집한 골동품을 전시하고 있는데, 지리멘견직물의 일종으로 바탕이 오글쪼글한 비단으로 만든 정교한 전통 인형이 시선을 사로잡는다. 이 카페의 인기 메뉴는 안미쓰로, 제철 과일, 한천 젤리 등에 팥을 얹어 꿀이나 시럽을 뿌려 먹는 일본 디저트다. 매주 수요일에 문을 닫는다.

1·2. 오래된 민가에서 아담한 정원을 보며 차를 즐길 수 있다. 3. 찻집 내부에 있는 집주인이 수집한 다양한 전시물도 좋은 볼거리다.

메구로구

구 마에다가문저택 旧前田家本邸
고마바토다이마에 駒場東大前役

☆
오전 9시에 문을 열어 오후 4시면 문을 닫는다. 입장료는 무료! 연말연시를 제외하고 양관(洋館)은 월·화요일이 휴무일이며, 화관(和館)은 월요일이 휴무일이다.

도쿄대학교 고마바캠퍼스 옆에는 구립 고마바공원이 자리하고 있다. 이 안에는 에도 시대 3대 쇼군인 오다 노부나가, 도쿠가와 이에야스, 도요토미 히데요시 모두를 보필했던 무장 마에다 도시이에의 후손인 마에다 도시나리가 지은 서양식 건물과 일본식 건물이 있다. 어렸을 때 독일과 영국에서 공부했던 마에다 가문의 16대 당주 마에다 도시나리는 1929년 가족의 생활 공간이자 귀빈을 접대하는 곳으로 활용하기 위해 영국 귀족과 지주들의 주택 양식인 '컨트리 하우스' 스타일 대저택을 이곳에 지었다. 마에다 도시나리가 보르네오섬 최고 사령관 출신의 군인이라 벽지 속 그림 등 인테리어 곳곳에서 열대식물을 볼 수 있다.

신을 벗고 양관에 들어서면 마치 영화 속 옛 유럽 귀족의 집에 들어간 것 같은 기분을 느낄 수 있다. 화려한 인테리어는 당시 일본 상류 귀족들의 생활을 상상하게 만든다. 마에다 도시나리는 양관을 지은 다음 해에 외국 손님들에게 일본문화를 보여 주기 위해 화관을 만들었다고 한다. 1층만 개방하고 있는데, 정갈한 일본식 다다미방에서 바라보는 정원 풍경이 무척 아름답다. 1970년대 저택 부지가 공원이 된 이후 고마바공원은 느긋하게 휴식을 취하는 사람들에게 사랑받고 있다. 오랜 역사를 자랑하는 곳이라 산책하며 고풍스러운 건물과 어우러진 나이 많은 은행나무, 붉가시나무, 녹나무 등을 공원에서 만나는 것도 즐겁다.

1·3. 영국 컨트리 하우스 스타일 대저택 2. 양관 내부 4·5. 일본식 건물 입구와 내부

메구로구

구 마에다가문저택과 함께 보면 좋은 곳

고마바공원 안에 1966년에 문을 연 일본근대문학관이 있다. 메이지 시대 이후의 문학 자료를 볼 수 있는 곳인데, 일본어를 모르는 관광객에게는 큰 의미가 없다. 하지만 이곳의 카페 '분단BUNDAN일본어로 '문단文壇'을 의미한다'은 한번 가 볼 만하다. 벽면이 책으로 가득 차 있는 소박한 분위기의 카페로 잠시 쉬어 가기에 좋다. 이 카페의 메뉴는 셰익스피어의 스콘, 하드보일드 원더랜드 조식 세트 등 문학에서 영감을 받아 만들어진 것이라 문학을 좋아하는 사람이라면 메뉴판 구경만으로도 즐거울 수 있다. 내부 촬영을 할 수 없으며, 오후 4시 20분에 문을 닫는다는 것도 기억하자. 심지어 휴일도 많다. 월요일, 일요일, 네 번째 목요일이 정기 휴무일이며, 월요일이 공휴일일 때는 영업을 한 후 다음 날 쉰다. 인스타그램 @bundan_cafe

고마바공원에 갔다면 일본민예관도 빼놓을 수 없다. 조선의 예술을 사랑했던 미술사학자인 야나기 무네요시가 1936년에 설립한 곳이다. 이름 없는 장인이 만든 민중의 일상 생활용품에서 아름다움을 발견한 이 사상가의 소장품을 만나볼 수 있다. 한국에서 건너간 문화재도 꽤 많이 있어 한국인들에게는 의미 있는 곳이기도 하다. 본관 건물 길 건너편 '서관'은 야나기 무네요시가 살던 집이다.

1. 일본근대문학관 2. 일본민예관

오타구로공원 大田黒公園

오기쿠보荻窪역

일본의 저명한 음악평론가 오타구로 모토오의 저택이었던 곳을 공원으로 바꾸어 일반에게 개방하고 있다. 공원 입구를 지나면 100년이 넘은 쭉쭉 뻗은 은행나무가 만들어 내는 길이 사람들을 반기며, 가을 시즌에는 붉게 물든 단풍나무가 황홀한 분위기를 연출한다. 11월 말에서 12월 초 단풍이 가장 아름다울 때 공원에 특별 조명이 설치되기 때문에 가을 단풍을 즐기러 이곳에 저녁 산책을 나오는 사람들이 많다. 지천회유식 일본정원이라 연못이 자리하고 있는데, 이 연못에 비치는 단풍의 빛이 특히 아름답다. 공원 안에 있는 서양식 건물은 오타구로의 작업실이었는데, 지금은 기념관으로 일반에게 공개하고 있다. 런던에서 공부한 오타구로가 가져와 사용했던 1900년식 스타인웨이 피아노도 볼 수 있다. 수요일에 문을 닫으며, 입장료는 600엔이다.

세타가야구世田谷区

다마가와 다카시마야玉川高島屋

후타코타마가와二子玉川역

☆
한적한 분위기에서 쇼핑을 즐기고 싶다면 후타코타마가와 지역을 방문해 보자. 주말에는 현지 사람들이 몰리니 주중에 방문하는 것이 좋겠다.

도쿄 시내시부야역 기준에서 대중교통으로 20분 거리에 있는 다카시마야 다마가와점은 1969년에 오픈했다고 느껴지지 않을 만큼 시대에 맞추어 계속 변화해 온 공간이다.

오래된 건물 전면부에 곡선의 흰색 철제 구조물과 식물을 더해 독특한 느낌을 주는 '본관'과 깔끔한 사각형 박스 형태로 만들어진 '신관' 다마가와 다카시마야Tamagawa Takashimaya S.C., 이렇게 총 두 개의 동으로 이루어져 있다. 신관 3층 트라이앵글카페TRIANGLE CAFE 야외 좌석 앞에 서 있는 매끈하게 자란 큰 나무가 인상적이며, 옥상의 파크앤드테라스오소토PARK & TERRACE OSOTO는 따뜻한 지역에서만 살 수 있는 야자나무, 아카시아, 소철, 유칼립투스, 극락조, 그레빌레아 등 온대성 식물들 때문에 이국적인 분위기를 물씬 풍긴다.

이 일대를 내려다볼 수 있을 뿐만 아니라 스타벅스와 브런치 식당이 같은 층에 입점해 있고, 본관 옥상에 있는 '포레스트가든, 사계절의 숲'과도 연결되어 있어 식사나 차를 마시며 여유 있게 둘러보면 좋다. 본관 3층에는 파라솔이 설치된 야외 테이블과 약 50종의 장미가 식재된 로즈가든이 있으니 시내를 벗어나 교외로 나온 만큼 정원을 충분히 즐기면서 여유 있는 시간을 가져 보자.

1. 독특한 본관 전면부 2. 트라이앵글카페의 테라스 3~5. 이국적인 분위기의 신관 옥상정원 6. 본관 3층, 로즈 가든

후타코타마가와라이즈쇼핑센터 二子玉川ライズ

후타코타마가와역

☆
생활용품에 관심이 있는 사람이라면 1층과 2층에 입점해 있는 쓰타야가전(蔦屋家電) 매장만 둘러보아도 두 시간은 족히 걸린다. 이왕 교외로 나왔으니, 하루 정도의 시간을 가지고 후타코타마가와 일대를 충분히 돌아보자.

과거 유원지가 있었던 장소에 오래된 전철 역사와 후타코타마가와공원을 연계해 만든 약 1만9000평의 복합문화단지다. 쇼핑센터 전체를 연결하는 '리본 스트리트'로 들어서면 쓰타야가전, 잘 조성된 가로수길, 그리고 세련된 점포들을 지나 넓은 광장, 이벤트홀, 멀티플렉스 영화관을 햇빛과 비를 피해 걸어서 이용할 수 있다. 그 길은 후타코타마가와공원까지 쭉 연결되어 있다.

쇼핑센터 곳곳에 멋진 나무들이 잘 자리 잡은 공간이 만들어져 있다. 3·4·5층에 오르면 주변과 근처 다마강의 풍경을 내려다볼 수 있는 조망 장소가 있으며, 이 지역의 환경을 잘 고려하여 만들어진 특별한 생태정원도 조성되어 있다. 빗물을 모아서 만든 연못과 그 물줄기가 흐르는 정원을 걷다 보면 이 주변의 산과 강 근처에서 자생하는 식물이 곳곳에 식재되어 있는 것을 볼 수 있다. 이는 이곳에 방문한 사람들에게 자연 보호가 얼마나 중요한지 잘 알려 주는 교육적인 역할도 한다. 일부 층에는 이 단지 내에 거주하는 사람들을 위한 텃밭 공간도 마련되어 있다.

1. 중앙광장 2·3. 리본 스트리트의 녹색 풍경 4·5. 생태적으로 잘 조성된 정원 6. 옥상정원에서 주변 풍경을 조망할 수 있다.

고토쿠지 豪徳寺

고토쿠지역

☆
구글지도에서 '고토쿠지'로 검색하고 길 안내를 받으면 주차장으로 안내해 주어 많이 돌아갈 수도 있으니, 구글지도에 주소를 넣어 검색하는 것이 좋다. 4월 말에서 5월 초에 걸친 일본의 황금연휴인 '골든 위크'나 일본의 추석이라 할 수 있는 오봉(お盆, 8월 중순, 날짜는 해마다 다름)에는 임시 휴무 가능성이 있으니 가기 전에 정보를 확인하자.

일본 여행을 갔을 때 가게 카운터에 손을 올리고 마치 누군가를 부르고 있는 듯한 고양이 인형을 본 적이 있을 것이다. 마네키네코招き猫다. 단어 그대로 번역하면 '누군가를 부르는 고양이'다. 마네키네코는 복을 불러온다는 상징물로, 오른손을 들고 있는 고양이는 재물을, 왼손을 들고 있는 고양이는 손님을 부르고 좋은 인맥이 만들어지는 등의 행운을 부른다고 한다.

고토쿠지는 이 마네키네코가 시작된 절이다. 에도 시대 오미히코네번의 번주가 매 사냥을 나갔다가 돌아오는 길에 어느 절 앞에서 만난 고양이 덕분에 세찬 폭풍을 피할 수 있었다는 전설이 깃든 곳이다. 고토쿠지역에서 나오자마자 마네키네코 동상을 만날 수 있고, 절로 가는 길 곳곳에서 이 고양이가 출몰한다. 당연히 절에도 참배객들이 바친 어마어마한 마네키네코를 볼 수 있다.

사계절 식물이 좋지만 특히 단풍 시즌이 아름답기로 유명하다. 신주쿠에서 가기 좋은 곳으로, 환승 없이 17분 정도 걸린다. 오전 6시부터 오후 5시까지 문을 열며 입장료는 무료다.

1. 고토쿠지는 행운을 부르는 고양이 마네키네코가 탄생한 사찰이다. 2. 사찰 경내에 있는 삼층탑 3. 사찰 입구

구혼부쓰조신지 九品仏浄真寺

구혼부쓰역, 지유가오카역

문화재로 지정된 아홉 개의 파란 머리 아미타여래좌상을 만날 수 있는 정토종 사찰이다. 마치 교토에 온 것처럼 사찰에서 주로 볼 수 있는 가레산스이 양식의 정원도 볼 수 있고, 연못 주위의 풍경을 즐기는 지천회유식 정원도 볼 수 있다. 연못이 있는 쪽은 아주 유명한 단풍 명소로 가을이면 빨갛게 노랗게 물든 단풍을 보러 오는 사람들이 아주 많다. 새해 첫날, 벚꽃 시즌과 단풍 시즌을 제외하면 조용하게 커다란 나무 밑에서 산책하기 좋은 곳이다. 지하철역에서 입구까지 가는 길에도 몸통이 굵은 소나무 등 키 큰 오래된 나무들이 줄을 서 있어 산책하기에 아주 좋다. 오전 6시에 문을 열어 4시 30분에 닫는다. 입장료는 무료.

1. 산책하기 좋은 사찰 경내 2. 늘 참배객들로 북적인다. 3. 파란 머리가 독특한 아미타여래좌상

도도로키계곡공원 等々力渓谷公園

도도로키역

도쿄 23구 안에 있는 유일한 계곡으로, 도심에서 깊은 숲 같은 느낌을 주는 곳을 걸을 수 있어 현지인들에게 사랑받는 산책 코스다. 도도로키역 근처 슈퍼 옆에 도도로키계곡공원으로 내려가는 입구가 있다. 도큐전철에서 개발한 골프장이 있던 곳이라 '골프교'라는 이름이 붙은 붉은색 다리, 도로키후도손 等々力不動尊이라는 사찰과 작은 일본정원도 만날 수 있다. 자연의 품에 안겨 고즈넉한 분위기를 즐기며 걷고 싶은 사람이라면 찾아가 보자.

1. 물이 흐르는 소리를 들으며 걸을 수 있는 도심 계곡 2. 작은 사찰 3. 사찰 근처에 있는 작은 일본정원

구 후루카와정원 旧 古河庭園

니시가하라西ヶ原역, 고마고메駒込역

서양식 정원과 일본정원을 한 장소에서 볼 수 있는 곳으로, 5월과 10월에 꽃으로 뒤덮이는 장미정원으로 유명하다. 장미 개화 시즌에는 장미 페스티벌도 열리며, 단풍철에도 인기가 높다. 1917년에 완공된 후루카와 남작의 저택은 전쟁 후 국가 재산이 되었는데, 도쿄도가 정부로부터 무상 임대해 일반에게 공개하고 있다. 서양식 벽돌 저택은 20대에 일본에 건너와 살면서 여러 중요한 건물을 설계한 영국인 건축가 조시아 콘더의 마지막 작품이다.

이 건물은 오타니미술관으로 이용하고 있는데, 내부를 보려면 400엔을 내고 들어가야 한다가이드 투어는 800엔. 정원은 전체적으로 3단으로 이루어져 있어 경사지에 계단식으로 조성하는 이탈리아의 노단식테라스 정원을 연상케 한다. 서양식 저택은 가장 높은 곳에 자리하고 있으며, 그 아래는 장미로 가득 찬 정형식 프랑스정원, 가장 낮은 쪽에는 마음 심心자 모양으로 만든 신지연못을 중심으로 지천회유식 일본정원이 조성되어 있다. 이 일본정원은 교토의 유명 정원사가 설계했다는데, 다이쇼 시대 초기 정원의 원형을 보존하고 있어 국가 명승 지정을 받았다. 멀지 않은 곳에 리쿠기엔190쪽도 있어 함께 가 보면 좋다.

마키노기념정원 牧野記念庭園

오이즈미가쿠엔大泉学園駅역

☆
네리마구에 산책하기 좋은 공원으로는 히카리가오카공원, 샤쿠지이공원(石神井公園), 오이즈미중앙공원(大泉中央公園)이 있다.
마키노 도미타로 박사의 삶과 학문적 업적을 제대로 만나 보고 싶은 사람이라면 그의 고향인 고치현에 위치한 마키노식물원도 언젠가 가 보아야 할 곳 목록에 올려 두자.

식물 학명에 명명자로 자주 등장하는 일본 식물학의 아버지 마키노 도미타로牧野富太郎 박사는 일본 식물 분류학의 기초를 세운 사람이다. 박사가 발견해 이름을 붙인 식물이 1500종 이상이라고 한다. 마키노기념정원은 네리마구 한적한 주택가에 자리하고 있다. 박사가 사망할 때까지 30여 년을 보낸 집과 정원 터에 세워진 곳으로 입장료 없이 돌아볼 수 있다. 박사가 공부하던 서재, 채집 도구와 원고, 집필한 책이나 그림, 식물 표본 등 의외로 볼거리가 아주 많다. 식물학의 아버지가 살고 공부하던 곳이라 규모는 크지 않아도 눈여겨 볼만한 식물로 가득하다300여 종 이상의 식물이 있다고 한다. 정원 식물 대부분에 학명을 알 수 있는 이름표가 달려 있다. 물론 박사가 이름을 붙인 식물이 많다.

정원에 들어서자마자 보이는 키 큰 나무는 대왕소나무다. 그 나무 밑에 정원에 있는 소나무 3종인 대왕소나무, 곰솔, 소나무적송의 솔방울을 비교해 놓은 전시대가 있는데, 대왕소나무의 솔방울은 정말 머리에 맞으면 피를 흘릴 것 같은(?) 사이즈라 방문객 대부분이 보고 즐거워한다. 우리나라 보호수처럼 일본도 명목名木을 지정해 보호하는데, 이 정원에는 좀피나무헤라노키와 고치시 센다이야라는 가게 앞에서 발견했다는 사쿠라 '센다이야'센다이야자

1. 입구에 우뚝 서 있는 대왕소나무 2. 초본류 화단 3. 박사의 서재 4. 박사가 생전에 사용하던 도구, 원고, 채집한 식물 등을 전시실에서 볼 수 있다. 5. 정원 소나무 종류별 솔방울

쿠라 등 박사가 이름을 붙인 명목도 두 종 있다. 정원에 비치된 지도에는 이 정원의 벚나무 10종이 자리한 위치가 표시되어 있는데, 벚꽃 시즌에 방문했다면 하나하나 살펴보자. '설날 벚꽃'이라 불리며 다른 벚나무보다 조금 일찍 붉은 꽃을 피우는 붉은겨울벚나무 등 흔히 보기 어려운 벚나무도 만날 수 있다. 마키노 도미타로 박사가 말년에 세심하게 관찰하며 길렀던 식물을 만나보는 재미가 쏠쏠한 곳이다.

1. 좀피나무(헤라노키) 명목 2. 사쿠라 '센다이야' 명목

히카리가오카공원 光が丘公園

히카리가오카역

☆

일본 애니메이션의 발상지 네리마구에는 애니메이션 제작사가 많다. 애니메이션 팬이라면 일본 최초의 극장용 컬러 장면 애니메이션을 제작한 회사가 운영하는 도에이애니메이션뮤지엄도 들러 보자.

과거 육군 비행장이었던 장소가 드넓은 잔디광장과 멋진 가로수길이 있는 대규모 공원으로 변신했다. 공원 안에 도서관, 체육관, 호수, 잔디광장, 캠핑장, 바비큐존, 야구장, 테니스장, 축구장 등 다양한 여가 시설이 있어 가족 단위 방문객에게 인기가 높은 곳이다.

엄청나게 많은 벚나무가 식재된 도쿄 벚꽃 명소이며, 가을에는 단풍을 즐기며 산책할 수 있는 가로수길을 찾는 이들이 많다. 은행나무, 단풍나무, 느티나무, 벚나무, 백합나무 등 우리에게도 익숙한 키 큰 나무들이 공원을 지키고 있다. 공원 안에 장미정원구 온실식물원도 조성되어 있는데, 장미뿐만 아니라 다양한 종류의 초화류와 관목을 계절별로 만날 수 있다.

무코지마백화원 向島百花園

히가시무코지마 東向島역

1939년에 문을 연 무코지마백화원은 에도 시대 센다이 출신 골동품상 사하라 기쿠로가 스미다강 인근 토지를 매입해 조성한 민영 화원으로, 에도 시대 문인들의 살롱 역할을 했던 곳이다. 정원 조성에 힘을 모았던 문인들의 자취를 더듬어 볼 수 있는 총 29개의 시비가 곳곳에 세워져 있는데, 외국인은 읽을 수가 없어 아쉽다. 처음 문을 열었을 때는 360그루의 매실나무가 중심이었다고 하며, 중국이나 일본 고전에 언급되는 식물들이 주로 수집되었다고 전해진다. 현존하는 유일한 에도 시대의 화원답게 식물에 달린 이름표도 아주 고풍스럽고 멋지다.

백화원이라는 이름은 사계절 내내 백화가 만발하는 정원이라는 의미다. 그래서 1년 내내 아주 다양한 식물을 만날 수 있다. 무코지마백화원은 특히 대나무로 만든 시렁을 타고 올라간 등이나 칡, 싸리가 꽃을 활짝 피운 모습으로 유명하다. 20종이 넘는 매실나무가 꽃을 피우는 봄에는 매화가 유혹하고, 여름에는 습지에 피는 꽃창포가, 가을에는 보라색 싸리꽃이 방문객들의 시선을 사로잡는다. 여름에는 풀벌레 소리 듣기, 가을에는 달맞이 같은 다양한 특별 행사도 진행한다.

정원 안에 '봄의 일곱 가지 풀春の七草'을 모아 놓은 곳이 있는데, 야생의 풀에 관심이 있는 사람이라면 일본인들에게 큰 의미가 있는 풀이 어떤 것들인지 살펴보자. 일본인들은 매년 1월 7일 아침에 한 해 건강을 빌며 봄의 일곱 가지

☆ 수국 시즌이라면 무코지마백화원 안의 작은 매점에서 감차(甘茶, 아마차)라 불리는 수국잎차를 마셔 보자. 우리나라 식혜와 비슷한 감주(甘酒, 아마자케)도 좋다. 일본의 전통적인 감미 음료인 감주는 이름에 '술'이 들어가 있지만 알코올 함량은 거의 없다. 부드럽고 은은한 단맛이 일품이다.

1. 감주(아마자케) 2. 입구 풍경 3. 운치 있는 식물 이름표 4. 인기 촬영 장소인 연못 5. 매실나무 주변의 우물
6. 싸리 시렁 7. 곳곳에서 만날 수 있는 문인들의 시비 8. 능소화와 한몸이 된 멋스러운 대나무 담

풀이 들어간 죽, '나나쿠사가유七草がゆ'를 먹는 풍습이 있다. 이때가 되면 마트에도 일곱 가지 풀을 담은 제품이 등장한다. 에도 시대부터 봄의 일곱 가지 풀은 바구니에 담아 새해에 왕실에 선물하는데, 이 바구니를 만드는 시연 행사도 열리곤 한다. 봄의 대표적인 일곱 가지 풀은 미나리, 냉이, 떡쑥, 별꽃, 광대나물, 순무, 무다.

봄의 일곱 가지 풀을 모아 놓은 곳. 여름과 겨울에도 계절에 맞는 일곱 가지 풀을 전시한다.

이타바시구립열대환경식물관 板橋区立熱帯環境植物館

다카시마다이라高島平역

동남아시아 열대우림 지역의 식물과 수생생물을 볼 수 있는 곳이다. '말레이 하우스' 구역에서는 동남아시아 지역의 일상생활과 긴밀하게 연결되어 있는 식물, 즉 음식·약·향신료와 관련 있는 열대식물을 만날 수 있다. 클라우드 포레스트 구역에는 비와 안개가 잦은 습한 열대 산 환경을 재현해 놓았다. 난초, 열대 로도덴도론진달래과, 식충식물 등을 볼 수 있다. 저지대 열대림 구역에서는 이우시과, 와이트고무나무 같은 대형 상록수 등을 볼 수 있으며, 맹그로브 구역에서는 맹그로브숲의 식물들을 만날 수 있다.

아이들과 함께 갔다면 열대생물들을 만날 수 있는 작은 수족관이 반가울 것이다. 특히 거대한 담수 가오리는 이 수족관의 인기 동물이다. 이곳의 온실은 이타바시 쓰레기 소각장에서 나오는 열을 활용한다. 5월에 갔다면 건물 입구에 자리한 남미 원산 식물 자카란다 미모시폴리아가 아름다운 연보랏빛 꽃을 피운 모습을 볼 수 있다.

1. 열대우림 지역의 식물을 볼 수 있는 온실 내부 2. 거대한 담수 가오리를 볼 수 있는 수족관

이타바시구

이타바시구립아카쓰카식물원 板橋区立赤塚植物園

히가시무코지마東向島역

☆
높이 13미터 도쿄대불을 볼 수 있는 조렌지(乗蓮寺)라는 절도 이타바시구의 주요 관광 명소 중 하나다. 식물원, 미술관과 함께 보면 좋다.

무사시노의 분위기를 간직한 아카쓰카의 구릉지에 조성한 작은 식물원으로 1981년 10월에 문을 열었다. 가볍게 산책하기 좋은 이 식물원은 크게 본원, 만요万葉·약용원, 농업원으로 구성되어 있다. 약 1헥타르 규모의 부지 안을 천천히 산책하다 보면 학명 이름표를 달고 있는 다양한 수종의 나무가 반긴다. 나무 밑에는 계절별로 예쁜 꽃을 피우는 다양한 초본들도 있다. 식물 설명도 잘 되어 있어서 남바람꽃*Anemone flaccida*이 '이타바시의 꽃'이라는 사실을 알 수 있었다.

대체로 식물원은 식물별 구역이 있다. 입구에 줄 지어 선 커다란 백합나무 길을 지나면 웰컴센터가 나오고, 가든 오피스 옆으로는 장미와 등 화단이 있다. 걷다 보면 대나무, 작약, 자두나무, 진달래속 식물, 침엽수, 벚나무, 동백나무, 난 등 식물별 구역을 만나게 된다. 무사시노武蔵野는 간토평야의 일부로 사이타마현 일대의 너른 평지를 일컫는데, 무사시노 지역의 나무들만 모아 놓은 곳도 있다. 만요·약용원에는 일본에서 가장 오래된 시가집인《만요슈万葉集》에 등장하는 식물과 각종 약용식물을 심어 놓았다. 농업원은 주로 아이들이 농사 체험을 하는 곳으로, 일본 텃밭의 다양한 채소들을 구경할 수 있다. 웰컴센터에 가면 식물 관련 도서와 종자 표본 같은 전시물도 만날 수 있다.

1. 커다란 백합나무가 지키는 식물원 입구 2. 주제별 산책로가 잘 구성되어 있다. 3. 농업원 4. 장미원 5. 작은 연못 주변으로 나무와 풀이 우거져 있다.

> 이타바시구

이타바시구립미술관 板橋区立美術館

아카쓰카식물원과 함께 보면 좋은 미술관이다. 1979년 5월에 문을 연 도쿄 23구 최초의 구립미술관으로, 개관 40주년이 된 2019년에 대규모 개보수를 실시해 지금의 모습이 되었다. 15세기부터 메이지 시대까지 일본의 회화 양식의 주류 유파였던 가노파狩野派의 작품, 다이쇼 시대부터 쇼와昭和 시대1926~1989 초기의 일본 전위 미술 작품은 물론 그림책 작가로 유명한 네덜란드의 레오 리오니의 기증 작품도 컬렉션 안에 포함되어 있다. 에도 시대 문화나 1920~1940년대에 존재했던 아틀리에군인 이케부쿠로 몽파르나스를 소개하는 전시나 일러스트·디자인 관련 전시도 열리고 있다.

가쓰시카구葛飾区

미즈모토공원 水元公園

가나마치金町역에서 내려서 도부東武버스 金54번을 타고 미사토三郷역에서 하차 또는 게이세이京成버스를 타고 미즈모토코엔역에서 하차

1965년에 문을 연 이 도립공원은 규모가 상당히 크다. 에도 시대에 수해 방지를 위해 만든 저수지의 물을 끌어다 만든 수로가 멋진 수변 경관을 만들어 낸다. 이름에 '물水'이 들어 있는 곳답게 물을 좋아하는 식물들이 많다. 드넓은 잔디광장에는 소풍 나온 사람들이 돗자리를 깔고 앉아 있고, 반려동물과 함께 산책하는 사람도 꽤 볼 수 있다. 메타세쿼이아숲과 포플러 가로수길, 도내 최대 규모의 꽃창포원이 유명하다. 가을에는 곱게 단풍이 든 나무가 호수에 비친 모습을 사진에 담는 사람들로 붐빈다. 새를 관찰할 수 있는 조류 보호구역도 있다. 물길 건너편은 도쿄도가 아니라 사이타마현 미사토공원이다. 입장료는 무료이며 쉬는 날도 없다.

고토구 江東区

유메노시마열대식물관 夢の島熱帯植物館
신키바新木역

신키바역에서 15분 정도 걸으면 도쿄스포츠문화관, 육상경기장 등이 있는 큰 공원이 나온다. 쓰레기 매립 처분장에 조성한 43헥타르 규모의 공원이다. 이곳에 유메노시마열대식물관이 있다. 식물관은 대온실 A돔, B돔, C돔으로 구성되어 있다. 대온실은 1년 내내 기온이 높고 비가 많이 오는 열대우림 환경을 인공적으로 조성해 놓은 곳이다. 신코토청소공장에서 쓰레기를 소각할 때 발생하는 열을 이용해 고온수를 만들고, 파이프라인을 통해 공급되는 이 고온수를 에너지원으로 사용한다.

A돔에서는 열대성 수련, 나무 양치식물, 맹그로브 식물 등 물가에 서식하는 열대식물을 폭포 소리를 들으며 볼 수 있다. B돔에는 대왕야자와 커다란 야자나무를 비롯해 바나나와 카카오 등 우리에게도 익숙한 열대식물들이 자리하고 있으며, C돔에는 세계자연유산으로 등재된 오가사와라제도의 식물들을 만날 수 있다. 도쿄 도심에서 1000킬로미터나 떨어진 아열대섬 오가사와라제도에는 독자적으로 진화한 고유종, 멸종위기 희귀종이 많다고 알려져 있다. 출구 부근에 있는 마다가스카르 원산 부채파초의 거대한 잎이 인상적인 분위기를 연출한다. 2층에 있는 식충식물 온실은 아이들에게 인기가 많으며, 1층에 유칼립투스 등 호주 원산 식물들을 볼 수 있는 호주정원과 허브원도 마련되어 있다. 초여름에 보라색 꽃이 만발하는 허브원 중앙의 자카란다 *Jacaranda*도 이곳의 인기 식물이다.

1. 폭포 소리를 들으며 열대식물을 볼 수 있다. 2. 야외에 조성된 호주정원과 허브원 3. 세 개의 돔으로 구성된 열대식물관

고토구

기요스미정원 淸澄庭園
기요스미시라카와 淸澄白河역

☆
기요스미시라카와 지역은 일본 블루보틀 커피 1호점이 만들어진 곳으로, 크고 작은 카페가 많은 커피 애호가들의 성지다. 커피를 좋아한다면 가 보아야 할 곳. 정원 근처에 도쿄도현대미술관도 있고, 에도 시대 말기 도쿄의 집과 사람들이 사용하던 물건 등을 볼 수 있는 후카가와에도자료관도 있다.

한적한 도쿄 동쪽 동네 기요스미시라카와에는 도쿄도 지정 명승 중 하나인 기요스미정원이 있다. 한때 미쓰비시를 창립한 이와사키 가문이 소유하고 있었던 곳이다. 정원 중심에 작은 섬이 세 개 자리한 커다란 연못이 있는데, 이끼 낀 아치형 돌다리와 연못 안에 놓인 운치 있는 커다란 돌 징검다리 위에서 감상하는 주변 경치가 아주 멋지다. 이와사키 가문이 전국에서 수집했다는 유명한 돌을 구경하는 재미도 있는 곳이다. 인근 지역에 살았다는 하이쿠 시인 바쇼에게 헌정한 커다란 돌 시비도 있다.

마치 물 위에 둥둥 떠 있는 것처럼 보이도록 연못 쪽으로 튀어나오게 건축한 료테이 凉亭도 이 정원의 상징적인 건물이다. 국빈으로 일본을 방문한 영국의 키치너 백작을 맞이하기 위해 세운 건물이라고 한다. 미니 후지산처럼 만들어 놓은 둔덕은 진달래속 식물의 꽃이 만발하는 5월이 되면 매우 화려하게 변신한다. 후지산을 휘감고 도는 구름을 표현한 것이라고 한다. 연못 주변에는 아주 수형이 멋진 곰솔이 자리하고 있으며, 강과 바다에 인접한 곳이라 연못에서 다양한 야생 조류를 만날 수 있다 특히 겨울에는 다양한 오리가 찾아온다. 봄에는 벚나무, 매실나무, 살구나무, 산수유 등의 꽃이 만발하며, 여름에는 수국과 붓꽃 종류가, 가을에는 싸리와 단풍나무 등이 사람들을 반긴다. 성수기에는 정원 출입 인원을 제한하기도 하니, 미리 검색을 하고 방문하자.

1. 연못 너머로 후지산을 표현한 둔덕이 보인다. 2. 연못에 작은 섬이 세 개 자리하고 있다. 3. 운치 있는 이끼 낀 아치형 돌다리 4. 전국에서 수집했다는 돌을 구경하는 재미도 있다.

가메이도텐신사 亀戸天神社

가메이도역, 긴시초錦糸町역

가메이도텐신사는 도쿄에서 가장 유명한 '등꽃' 명소다. 보통 4월 말에서 5월 초에 만개하는, 나무 시렁에 주렁주렁 매달린 보랏빛 등꽃이 사람들을 홀린다. 에도 시대 말 우키요에 화가였던 안도 히로시게가 '명소에도백경名所江戸百景'을 남겼는데, 여기에도 등꽃이 핀 이 신사가 등장한다. 가메이도텐신사는 봄에는 매화, 가을에는 국화꽃이 만발해 봄과 가을에도 인기 있는 곳으로, '꽃의 신사'라고도 불린다.

헤이안平安 시대794~1185 문인이자 학문의 신으로 숭배받는 스기와라 미치자네를 모신 신사라, 시험을 앞둔 학생과 부모 들이 많이 찾는다. 일본 신사 입구에 반드시 있는, 신의 영역으로 들어가는 첫 번째 문인 붉은색 도리이를 지나면 물고기와 거북이가 사는 연못이 있고, 그 주변으로 등이 타고 올라가도록 만들어 놓은 나무 시렁이 자리하고 있다. 신사 뒤로는 도쿄의 랜드마크이자 세계에서 가장 높은 자립식 전파탑인 스카이트리가 보이는데, 이 스카이트리가 나오게 사진을 찍는 사람들이 많다. 등꽃이 만개하는 4월 말에서 5월 초까지 등 축제가 열리며, 이때는 밤에 조명을 받은 등꽃도 볼 수 있다.

일본인이 사랑하는 등

일본 하면 '사쿠라벚나무'가 먼저 떠오르지만, 일본인들의 등 *Wisteria floribunda* 사랑도 남다르다. 등은 일본어로 '후지藤, フジ'다. 콩과 덩굴식물로 보통 덩굴이 타고 오를 수 있도록 격자 시렁을 만들어 준다. 향기가 좋은 보랏빛 꽃이 포도송이처럼 주렁주렁 매달린 모습은 언제 봐도 풍요롭고 화려한 느낌을 준다. 등꽃은 사람만 좋아하는 것이 아니라 벌도 좋아해서 대표적인 밀원식물이기도 하다. 일본에서 가장 유명한 등꽃 명소는 도쿄 근교 도치기현栃木県에 자리한 아시카가足利플라워파크다. 수령이 100년이 훌쩍 넘는 오래된 등에 가득 달린 꽃의 모습이 환상적이며, 밤에는 이 등꽃에 조명을 밝혀 더 환상적인 풍경을 연출한다. 이곳은 겨울 시즌에 조명을 밝히는 '일루미네이션'으로도 유명한데, 규모와 화려함이 어마어마하다고 한다.

도시마구豊島区

세이부이케부쿠로백화점 본점 색과 초록의 공중정원 西武池袋本店 色と緑の空中庭園
이케부쿠로역

☆
옥상정원 푸드트럭 중에 가장 인기 있는 곳은 〈고독한 미식가〉에도 나온다는 수타 사누키우동집 '가루카야'다. 옥상에서 바로 이어지는 로프트 9층에는 뉴욕현대미술관 굿즈를 파는 공식 매장도 있다.

언제나 사람들로 북적이는 이케부쿠로역과 바로 연결된 세이부백화점 옥상에 조성된 정원이다. '음식과 자연이 있는 공중정원'을 콘셉트로 2015년 4월 본관 9층에 만들어졌다. 관광객들이 여행 선물을 사기 위해 많이 들르는 로프트와도 바로 연결되어 있어서 쇼핑과 휴식을 동시에 할 수 있다.

이 옥상정원의 콘셉트는 인상파 거장 클로드 모네의 그림에 나오는 '수련'이다. 모네가 사랑한 지베르니 정원, 파리 오르세미술관이 소장하고 있는 모네의 그림, 오랑주리미술관의 가장 유명한 그림인 모네의 대작 '수련'에서 영감 받아 만들었다고 한다. 이 수련정원water lily garden은 규모는 작지만 보는 순간 사전 정보가 없어도 '어, 모네다!'라는 말이 튀어나올 정도로 모네 그림을 충실히 재현했다. 청록색 다리는 물론이고, 작은 연못에 동그란 수련잎이 동동 떠 있을 뿐만 아니라, 계절별로 갖가지 식물들이 꽃을 피워 언제나 사진 찍는 사람들로 가득하다. 아주 다양한 다육식물을 볼 수 있는 가드닝 숍도 구경할 만하다.

1·2 보는 순간 모네의 그림을 떠올리게 하는 정원 3. 눈이 시원해지는 옥상 벽면 수직정원 4. 한쪽에 자리한 가드닝 숍 5. 도심 스카이라인을 보며 쉴 수 있는 쉼터

도쿄 23구 외 지역

요코하마시 요코하마신항중앙광장공원 橫浜新港中央広場公園

바샤미치馬車道역, 니혼오도리日本大通역

✿
요코하마까지 가는 방법은 여러 가지가 있지만 보통 시부야에서 도큐도요코(東急東橫)선을 타고 간다. 시부야역에서 도큐도요코선을 타고 요코하마역에서 미나토미라이선으로 갈아타면 되는데, 미나토미라이선을 여러 번 이용할 예정이라면 시부야역에서 '미나토미라이 패스' 1일권(920엔)을 구입하는 것이 경제적이다. 아카렌가창고로 가려면 미나토미라이선 바샤미치역이나 니혼오도리역에서 내리고, 차이나타운, 야마테지구, 장미로 유명한 야마시타공원을 보고 올라가는 코스로 선택했다면 모토마치·주카가이역에서 하차하면 된다.

✿
정원을 설계한 자클린 판데어클루트의 구근식물 식재 방법이 궁금하다면 《구근식물 식재디자인》(목수책방)을 참고하자.

가나가와현 요코하마시의 가장 중요한 관광지를 꼽으라면 아마 요코하마항 해안가에 자리한 붉은 벽돌 건물인 요코하마 아카렌가창고일 것이다. 1911년, 1913년에 지어진 두 동의 건물은 원래 항구에 도착하거나 나가는 물건들을 보관하는 창고였는데, 지금은 복합문화공간으로 변신해 관광객들을 맞이하고 있다.

아카렌가창고 옆에 요코하마신항중앙광장이 있는데, 이곳에 조성된 정원도 눈여겨볼 만하다. 조경가 히라쿠 에이코가 2017년 요코하마 전국 도시녹지박람회 전시장의 일부가 될 공원을 보수하면서 네덜란드 식재디자이너 자클린 판데어클루트에게 의뢰해 만든 정원이다.

시카고 루리가든의 구근식물 식재를 맡아 했던 사람의 손길이 닿은 곳이라 역시 구근식물 조합이 매력적이다. 자클린 판데어클루트는 다양한 구근을 혼합해 무작위로 땅에 뿌리는 방식으로 심기 때문에 다양한 구근식물이 자연스럽게 다른 식물과 조화를 이루며 정원 안에 섞여 있는 모습을 볼 수 있다. 요코하마는 프랑스 남부와 비슷한 따뜻한 기후라 다소 쌀쌀한 초봄부터 수선화, 튤립, 패모, 히아신스 등 다양한 구근식물의 꽃을 볼 수 있다. 요코하마는 봄과 여름에 아카렌가창고 앞 광장, 신항중앙광장, 야마시타공원 등 주요 공공장소에서 '꽃'을 주제로 한 다양한 행사가 열리기 때문에 하루 정도 여유 있게 돌아다니며 꽃구경을 하기에 좋다.

1. 아카렌가창고 2. 아네모네와 튤립 3·4. 구근식물을 무작위로 식재해 다른 식물과 조화를 이루는 모습
5. 수선화

도쿄 23구 외 지역

요코하마시 야마시타공원 山下公園

바샤미치역, 니혼오도리역

요코하마 하면 바로 요코하마베이브리지와 요코하마 항구의 모습이 떠오른다. 이 요코하마의 상징과도 같은 풍경을 한눈에 볼 수 있는 공원이 바로 야마시타공원이다. 1923년 관동대지진이 일어난 후 그 잔해를 매립해 1930년에 이 공원을 만들었다고 한다. 이 1930년에 진수한 배, '퀸 오브 더 퍼시픽'이라는 별명으로 불리는 '히카와마루호'도 야마시타공원에서 볼 수 있는 요코하마의 상징이다. 태평양을 약 200여 회나 횡단한 배로 일본의 대표적인 호화여객선이지만 1960년대에 운항을 중단했다. 지금은 박물관 겸 레스토랑으로 사용하고 있다. 야마시타공원은 160여 종에 이르는 다양한 품종의 장미를 볼 수 있는 장미정원으로도 유명하다. 항구의 오랜 역사를 증명하듯 몸통이 굵고 키가 큰 교목도 많아서 느긋하게 산책하기 아주 좋은 곳이다.

☆ 개항 당시 외국인들이 거주해 서양식 건물이 많이 있는 야마테지구는 야마시타공원과 함께 돌아볼 만한 곳이다. 정원을 좋아하는 사람이라면 메이지 시대 이탈리아 영사관 자리에 있는 '야마테 이탈리아산정원'도 들러 보자. 기하학적인 수로와 화단이 있는 정형식 정원으로, 장미가 유명하다.

☆ 야마시타공원 근처에는 요코하마의 상징과도 같은 곳이자 야경 명소인 요코하마 마린타워가 있다. 요코하마 개항 100주년을 기념해 1961년에 만들어졌으며, 지상 100미터 높이에 전망대가 설치되어 있다.

1. 멀리 요코하마베이브리지와 히카와마루호가 보인다. 2·3. 이른 봄이라 꽃은 아직이지만, 이 공원은 장미로 유명하다. 4. 요코하마마린타워 5. 오래된 나무들은 물론 계절별 초화류도 다양해 항구 풍경을 바라보며 산책하기 좋다.

요코하마시 산케이엔 三渓園

요코하마역에서 요코하마시영버스 8번 또는 168번, 사쿠라기초桜木町역, 모토마치元町·주카가이中華街역(차이나타운)에서 버스 이용

✿

산케이엔은 사계절 아름다운 곳이지만, 특히 '꽃대궐'이 되는 봄과 여름 풍경이 좋다. 매화, 연꽃, 벚꽃이 필 때는 따로 감상회가 열리기도 하고, 꽃창포, 앵초, 나팔꽃, 국화, 영산홍 분재 등 식물별로 전시회가 열리기도 한다. 평상시에는 공개하지 않는 고건축도 일정 기간 오픈하기도 하니, 관심 있는 사람은 미리 홈페이지 이벤트 정보를 확인하고 가자.
www.sankeien.or.jp

산케이엔은 생사 무역으로 부자가 된 요코하마의 상인 하라 산케이가 조성한 일본정원이다. 1906년에 일반인에게 처음 공개하기 시작한 산케이엔은 대지진과 전쟁을 거치며 피해를 입기도 했지만, 1958년에 손상된 건물과 정원의 복구를 마쳤다. 2007년에 국가 지정 명승이 된 산케이엔 안에 있는 건축물들은 교토와 가마쿠라 등에서 옮겨 왔다고 한다.

정원은 하라 가문이 개인정원으로 사용하던 내원과 1906년부터 일반인에게 공개된 외원 구역으로 나뉜다. 내원의 건물 중에는 린슌카쿠臨春閣가 유명하며, 외원 건물 중에는 에도 시대 후기 민가를 옮겨 놓은 구 야노하라가주택旧矢箆原家住宅과 하라 산케이가 살았던 가쿠쇼카쿠鶴翔閣가 유명하다. 구 야노하라가주택은 정원 내 고건물 중에 유일하게 내부를 볼 수 있다. 현재 간토지역에 있는 목조탑 중 가장 오래된 구 도묘지삼층탑은 산케이엔의 랜드마크다.

산케이엔은 지센池泉 양식 중에서도 연못에 배를 띄워 음악 연주나 시 낭송을 즐기는 정원 형태인 '지천주유식池泉舟遊式'이다. 벚꽃 시즌이나 수련과 등의 꽃이 필 때 가면 아름다운 연못 풍경의 진수를 맛볼 수 있다. 산케이엔에서 가장 유명한 식물은 바로 매실나무 가지가 용처럼 꿈틀대는 것 같은 '와룡매'. 남문 쪽에는 꽃받침이 녹색이라 '녹악매'라고도 부르는 중국 매화를 많이 심어 놓은 곳도 있다.

1. 지천주유식 일본정원 2. 전통결혼식장으로 사용하는 가쿠쇼카쿠 3. 내원의 린슌카쿠 4. 멀리 보이는 도묘지 삼층탑 5. 들어가 내부를 볼 수 있는 구 야노하라가주택

요코하마시 네기시삼림공원 根岸森林公園

네기시역, 야마테山手역

이 공원은 탁 트인 넓은 잔디밭, 벚꽃과 매화로 유명한 공원으로, 1866년 외국인 클럽이 주최한 일본 최초의 서양식 경마 행사가 열린 곳이다. 1943년 전쟁으로 문을 닫기 전까지는 동양에서 제일 큰 규모를 자랑하던 경마장이었다고 한다. 옛 경마장 흔적을 엿볼 수 있는 오래된 건물도 있고, 실제 풀을 뜯고 있는 말도 볼 수 있으며, 말 박물관도 있다. 매화가 만개할 때면 매화축제도 열린다. 매실나무숲에서는 130여 종의 다양한 매실나무 300여 그루를 볼 수 있다. 대중교통으로 접근하기가 쉽다고는 할 수 없지만 느긋하게 요코하마를 즐기고 싶은 사람이라면 시간을 내서 들를 만한 곳이다.

1. 봄에 화려한 '벚꽃동산'이 되는 드넓은 잔디밭 2. 다양한 매실나무를 볼 수 있는 산책로 3. 오래된 나무들과 작은 연못 4. 남아 있는 네기시경마장 건물 일부

조후시 調布市 진다이식물공원 神代植物公園

조후역에서 진다이지深大寺행 버스 진다이쇼쿠부쓰코엔마에神代植物公園前역, 미타카三鷹역 또는 기치조지吉祥寺역에서 진다이지행 버스 이용

☆
입장료가 500엔이지만, 무료로 입장할 수 있는 날이 있다. 바로 헌법기념일(5월 3일)과 어린이날(5월 5일) 사이에 있는 5월 4일 '미도리의 날(みどりの日)'. '미도리'는 '녹색'이라는 뜻으로, 미도리의 날은 "자연을 가까이하며 그 은혜에 감사하고 풍요로운 마음을 기른다"는 취지로 만들었다고 한다. 10월 1일 도민의 날(都民の日)도 무료로 입장할 수 있다. 10월 1일은 도쿄도가 지정한 기념일로 도쿄도가 운영하는 미술관, 박물관, 정원 등 다양한 문화시설 입장료가 무료다.

1961년에 도쿄도 유일의 '식물공원'으로 문을 열었다. 원래는 도쿄의 가로수 등을 키우기 위한 장소로 사용했는데, 전쟁 후 도립 식물공원으로 정비되었다. 규모가 49만제곱미터로 어마어마한데, 진달래속 식물 *Rhododendron* 정원, 매실나무 정원, 싸리 정원 등 식물 종류에 따라 30블록으로 나누어 놓은 공간에 4800여 종의 식물이 있다고 한다. 정원에 관심 있는 사람들은 진다이식물공원의 숙근초겨울에는 땅 위의 부분이 죽어도 봄이 되면 다시 움이 돋아나는 여러해살이풀 정원을 꼭 찾아가 보자. 정원식물에 관심이 많은 사람이라면 개미취 '진다이' *Aster tataricus* 'Jindai'라는 이름을 들어본 적이 있을 것이다. 이 식물이 바로 이 진다이식물원에서 태어났다. 산책하다 보면 학명 이름표에 '진다이'가 들어가 있는, 진다이아케보노 벚나무 *Cerasus spachiana* 'Jindai-akebono' 같은 진다이식물공원 오리지널 품종도 만날 수 있다.

구역별로 계절마다 아주 다양한 식물을 만날 수 있는데, 가장 인기 있는 곳은 역시 대온실 앞에 마련된 대규모 장미정원이다. 409품종 약 5200그루가 식재되어 있는 이곳은 해마다 장미가 만개할 때쯤이면 꽃구경하러 나온 인파로 인산인해를 이룬다. '국제장미콩쿠르화단'은 유럽이나 일본의 육종가가 만든 장미 신품종을 모아 키워서 심사하는 국제적인 장미 화단이다. 봄과 가을에 진다이식물공원와 일본장미협회가 우수한 장미 품종에 금·은·동메달을 수여한다. 장미

근처에 733년에 설립된 후 1919년에 재건된 불교 사원 진다이지와 진다이지 주변에서 흘러들어가는 물이 모여 이루어진 습지대에 조성한 진다이식물공원 수생식물원이 있다. 버스를 타고 진다이지역에서 내리면 된다(진다이식물공원 가는 버스가 대부분 간다). 진다이지에는 17세기에 만든 대문이 있고, 매년 소바 축제가 열린다.

원종만 모아 놓은 '야생종·올드로즈가든'도 있다. 현대의 장미를 만드는 데 중요한 역할을 했던 장미 원종들을 모아 놓았는데, 그 소박한 아름다움에 반하게 된다.

    1984년에 오픈한, 희귀하고 화려한 식물로 가득 차 있는 대온실도 사람들이 좋아하는 곳이다. 사람 얼굴만 한 화려한 꽃을 주렁주렁 매달고 있는 '베고니아Begonia관'이 특히 인기 있다. 또 이 대온실의 스타는 2022년에 꽃을 피워 큰 화제가 되었던 천남성과 식물 시체꽃*Amorphophallus titanum*이다. 인도네시아 수마트라섬에서만 자란다는 멸종위기종이다. 높이 3미터 지름 1미터 이상이나 되는 큰 꽃을 피우는데, 이름에서도 알 수 있듯이 어마어마한 악취가 난다고 한다. 개화했을 당시의 모습을 기록해 온실 안에 전시해 놓았다.

1. 개미취 '진다이' 2. 진다이아케보노벚나무 3. 대온실의 시체꽃 4. 인기 높은 온실의 베고니아관 5. 숙근초정원
6. 대온실 앞에 조성된 대규모 장미정원

무사시노시 武蔵野市 **이노카시라온사공원** 井の頭恩賜公園

기치조지吉祥寺역, 이노카시라공원역

미타카의 숲 지브리미술관 방문 계획이 있다면 함께 보기 좋은 곳이다. 1917년에 문을 연 오랜 역사를 지닌 대규모 공원이다. 원래 이 공원 부지는 에도 시대 도쿠가와 가문을 중심으로 매 사냥을 하던 장소였고, 공원의 인기 장소인 이노카시라연못의 물은 에도 시대 사람들의 식수였다고 한다. 사카구치 겐타로와 이세영이 출연한 쿠팡플레이 드라마 〈사랑 후에 오는 것들〉2024을 보면 여주인공이 벚꽃이 만개한 이노카시라공원 연못 주변을 자주 달리는데, 매우 아름답다. 돌아다니는 이노카시라공원 사진을 보면 대부분 연못을 배경으로 오리배가 있는 경우가 많다. 기회가 되면 이 오리배를 타고 연못 위에서 공원 경치를 관람해 보는 것도 좋겠다. 단, 커플이 같이 타면 헤어진다는 속설이 있다고 한다믿거나 말거나.

공원 안에 왕벚나무, 산벚나무 등 개화기가 조금씩 다른 다양한 종의 벚나무가 약 400여 그루 있는데, 주로 연못 주변에 모여 있다. 일본 사람들은 벚꽃잎이 흩어져 떨어지는 것을 눈보라에 비유해 '하나후부키花吹雪'라 하는데, 이노카시라연못은 이 하나후부키를 감상할 수 있는 최고의 장소로 꼽힌다. 이 공원은 단풍 명소이기도 하다. 단풍나무, 벚나무, 은행나무, 느티나무 등의 잎이 노랗게 빨갛게 물들기 시작하면 연못 주변이 다채로운 색으로 물든다. 공원은 24시간 개방한다.

❁ 드라마 〈사랑 후에 오는 것들〉을 보고 가는 것이라면 남녀 주인공이 처음 만나는 곳인 이노카시라공원역과 역 주변, 그리고 두 사람이 함께 사는 기치조지 주택가 산책도 해 보자.

❁ 공원 안에 동물원도 있는데, 육상 동물을 볼 수 있는 곳과 물고기나 물새들을 볼 수 있는 수생물원으로 구분되어 있다. 하나의 티켓으로 둘 다 볼 수 있다.

❁ 이 지역의 가장 유명한 산책 코스는 기치조지역에서 이노카시라은사공원을 거쳐 미타카의 숲 지브리미술관 뒤쪽으로 이어지는 길이다.

1. 벚꽃시즌이면 밤마다 조명이 켜진다. 2. 인기 있는 오리배 3. 함께 가 보면 좋은 지브리미술관

고가네이시 小金井市 에도도쿄건축원 江戸東京たてもの園

무사시코가네이 武蔵小金井역에서 내려 세이부西武버스나 간토関東버스 무사시코가네이역 북쪽 출구 승차장에서 버스로 이동 또는 하나코가네이 花小金井역에서 세이부버스 이용

☆ 한국어 설명이 있는 에도쿄건축원 홈페이지 www.tatemonoen.jp/kr에 가면 친절하게 사진까지 첨부된 아주 자세한 교통편 안내를 받을 수 있다.

☆ 동쪽 존에 있는 옛 창고를 가게로 개조한 미세구라가타 휴게동 1층은 누구나 이용할 수 있는 휴게소다. 2층에는 우동과 도시락을 먹을 수 있는 식당이 있다. 서쪽 존에 있는 '드 라란데 저택'에서도 차와 식사를 즐길 수 있다.

1993년 에도도쿄박물관 분관으로 도쿄도립 고가네이공원 안에 만들어졌다. 도쿄도에 있었던 에도 시대 전기부터 쇼와 시대 초기까지 원래 있던 자리에 있을 수 없지만 문화적 가치가 높은 역사적인 건물 30동을 이축해 복원·보존한 곳이다. 서쪽존과 센터존에는 1950년대 일본 주택, 에도 시대 말기 창고, 에도 시대에 지어진 전통 민가, 일본 근대건축 발전에 공헌한 건축가 마에카와 구니오의 자택, 건축가 호리구치 스케미의 저택 등 다양한 건축 양식의 주택이 복원되어 있다.

동쪽 존에는 간장 상점, 목욕탕, 선술집, 양복점, 문구점, 꽃집, 파출소, 잡화점, 우산가게, 여관, 전차, 에도 시대 상수시설 등 서민들이 일상적으로 이용했던 다양한 건물이 복원되어 있다. 일본 근대의 모습은 한국 근대의 모습과도 많이 겹치기 때문에 뭔가 시대극 세트장을 보는 느낌이 들어 흥미롭게 구경할 수 있다내부를 볼 수 있는 곳도 많다. 커다란 나무들이 자리하고 있는 공원 산책도 함께 해 보자. 애벌레 같이 생긴 에도도쿄건축원의 마스코트는 미야자키 하야오가 만들었다. 입장료는 400엔.

1. 도키와다이사진관 2. 옛 전차 3·5. 서민가의 정취를 느낄 수 있는 동쪽 존 4. 마루니상점

고쿠분지시 国分寺市 도노가야토정원 殿ヶ谷戸庭園

고쿠분지역

미쓰비시 기업 관련자의 별장이었으나 정원을 보존하자는 주민의 움직임이 있어 1974년에 도쿄도가 매입해 공원으로 정비한 후 1979년에 대중에게 공개했다. 아홉 군데 도쿄도립 문화재 정원 중 하나다. 옛 간토평야의 일부이며 도쿄도 사이타마현 일대의 너른 평지를 일컫는 무사시노 특유의 지형을 잘 살려 단구계단형으로 만들어져있는 급사면, 절벽에 조성한 일본정원으로, 가을 단풍이 아름답기로 유명하다. 단구 아래에서 나오는 용수를 이용해 만든 연못 '지로벤텐'을 중심으로 풍광을 감상할 수 있게 만든 지천회유식 정원이다.

본관 건물은 미쓰비시 대표이사였던 이와사키 히코야타가 별장을 인수한 후 1934년에 일본식과 서양식을 절충한 스타일로 건축한 목조 건물이다. 이 건물을 지을 때 정원의 단구 위에 고요테이紅葉亭라는 다실도 지었는데, 이 다실에서 내려다보는 연못 풍경이 매우 아름답다. 단구 위에는 잔디를 깐 서양식 정원이 있고, 경사면은 소나무, 단풍나무, 소나무, 조릿대를 식재해 깊은 숲 느낌을 준다. 일본정원에는 보기 드문 맹종죽정명 죽순대 산책로다케노코미치도 즐길 수 있다. 초여름의 등 시렁, 가을의 싸리터널도 유명하다. 납매, 동백나무, 매실나무, 마취목, 영산홍 등의 수목은 물론 새우난초, 초롱꽃, 얼레지, 원추리, 석산 같은 다양한 초화류도 볼 수 있다. 입장료는 150엔.

1. 지로벤텐 연못 2. 다실 고요테이 3. 정원 입구

> 도쿄 23구 외 지역

마치다시町田市 더팜유니버설 미나미마치다그란베리파크점
the Farm UNIVERSAL 南町田グランベリーパーク店

미나미마치다그란베리파크역

☆
긴자 로프트(LOFT) 안에 있는 작은 매장이 아쉽다거나, 외국인 관광객으로 항상 붐비는 도쿄 여행이 지겹다면 한번 방문해 보자. 타고 가는 전철 이름도 때마침 '전원도시선'! 진짜 교외로 떠나는 느낌이 든다.

오사카 이바라키시와 지바현 지바시 이나게구에도 동일한 매장이 있는 가든 센터로 '그란베리파크'라는 복합쇼핑몰 안에 입점해 있다. 미국이나 유럽의 아웃렛과 비슷한 분위기 속에서 쇼핑과 식물 구경을 동시에 할 수 있다. 도쿄 기준으로 실내·실외식물 구분해 전시·판매하고 있어 일본 원예식물과 정원식물을 구경하는 재미가 쏠쏠하다. 특히 올리브나무, 아카시아, 병솔나무, 그레빌레아 등과 같은, 우리나라에서는 제주도에서나 월동이 되는 식물이 '실외식물'로 구분되어 있다는 점이 눈에 띄며, 많게는 한국보다 열 배나 넘는 '후덜덜'한 가격으로 판매되고 있는 것도 특이하다. 실내식물 코너에서는 아기자기한 소품을 판매하고 있어서 원예에 관심이 있는 사람은 나도 모르게 지갑을 열어 양손 가득 쇼핑할 수 있으니 마음을 단단히 먹고 방문해야 한다. 그 옆에는 '파머스 키친'이라는 식당도 있어, 식물로 눈과 배를 다 채우며 풍요로운 시간을 즐길 수 있다.

1. 외부 입구 2. 내부 입구 3·4. 다양한 식물 관련 용품으로 가득한 공간 5. 실외식물이 우리나라(서울 기준)와는 다른 종류가 많아 흥미롭다.

도쿄 23구 외 지역

이나기시稲城市 하나·비요리 피트 아우돌프 정원 도쿄
HANA·BIYORI, PIET OUDOLF GARDEN TOKYO

게이오요미우리랜드京王よみうりランド역

❀
게이오요미우리랜드역에 내려 왼쪽으로 이동해 15분 간격으로 운행하는 무료 셔틀버스를 탑승하면 된다. 도쿄 시내가 내려다보이는 노천탕을 즐길 수 있는 가케이노유(花景の湯)도 있다. 하나·비요리 입장료는 800엔, 가케이노유 입장료는 2300엔(2025년 1월 기준). www.yomiuriland.com/hanabiyori/

❀
피트 아우돌프의 자연주의 식재디자인이 궁금한 사람은 목수책방이 출간한 《자연정원을 위한 꿈의 식물》, 《식재디자인》, 《후멜로》를 참고하자.

하나·비요리는 도쿄 시내신주쿠 기준에서 대중교통으로 1시간 이내에 방문할 수 있는 테마파크로, 평소에 정원이나 식물에 관심 있는 사람이라면 시간을 내서 방문할 만한 장소다. 공원에는 교토에 있는 고쇼에서 이축해 온 성문뿐만 아니라 문화재 등을 보존하고 있는 세에나루모리聖なる森, 알록달록 다양한 색으로 피어나는 꽃이 있는 아야노코지彩の小路를 비롯하여 네덜란드의 세계적인 정원디자이너 피트 아우돌프가 설계한 작은 정원이 있다. '자연주의 식재디자인' 방법이 적용된 이 정원은 도쿄에서 잘 자라는 여러해살이풀을 선별한 후, 들판에서 자연스럽게 자라는 것처럼 심었다. 봄부터 가을까지 다채롭게 피어나는 꽃의 아름다움뿐만 아니라, 지고 난 후의 마른 꽃대와 단단하게 맺힌 씨송이 등 계절의 변화를 고스란히 느낄 수 있도록 만든 정원으로, 어느 계절에 방문해도 특별한 경험을 할 수 있다.

정원 옆에 위치한 하나·비요리관의 문을 열면 너나할 것 없이 탄성을 내뱉는다. 매 계절 화려하게 바뀌는 실내 꽃장식 덕분에 눈이 호강하는 곳이다. 베고니아, 푸크시아, 페튜니아, 제라늄, 삭소룸으로 만들어 낸 화려한 플라워 샹들리에가 매달려 있는 천장에서 눈을 뗄 수가 없다. 다른 곳에서는 볼 수 없는 식물이 가득한 이곳에는 스타벅스도 있어 잠시 쉬어 가기 좋다. 중앙에는 스페인어로 '술 취한 나무'라는 뜻인 비단솜나무palo borracho, *Ceiba speciosa*라는 400년 된 나무가 전시되어 있다. 건물 뒤쪽으로 나가도 다양한 초화류가 식재된 작은 정원이 있다.

1·2. 피트 아우돌프가 설계한 자연주의 정원 3. 하나·비요리관의 플라워 샹들리에 4. 스타벅스 쪽 문으로 나오면 만나게 되는 작은 정원 5. 400년 된 비단솜나무

하치오지시 八王子市
진바산 陣馬山 - 가게노부산 景信山 - 시로야마산 城山 - 다카오산 高尾山 등산

다카오역 북쪽 출구에서 '미美32' 버스를 타고 진바산코하라陣馬高原下 정류장 하차. 또는 후지노藤野駅역에서 '노野08' 버스 와다和田행을 타고 와다 정류장 하차

✿
다카오산은 일본인에게도 인기 관광지라 당고나 소바, 케이블카역 근처에서 파는 치즈 타르트 등 다양한 먹을거리를 즐길 수 있다. 또 다카오산 야쿠오인(薬王院)이라는 사찰과 다카오역 근처에 있는 트릭아트미술관, 노천탕이 있는 고쿠라쿠유(極楽湯), 599뮤지엄 등 함께 돌아볼 만한 곳도 많다.

✿
다카오산만 방문해 먹을거리와 주변 관광지만 즐길 예정이라면 케이블카를 타도 되고, 코스에 따라서는 일반 운동화에 가벼운 옷차림이어도 괜찮다. 하지만 다카오-진바산 능선 등반에 도전하려면 방수가 되는 등산복과 등산화를 갖추는 것이 좋다.

약 다섯 시간 정도 소요되는 등산 코스로, 비교적 오르기 쉬워 많은 사람이 찾는다. 다카오산599미터만 가 보는 것도 좋지만, 이왕 거기까지 갔으니 다카오산에서 네 개의 산 능선이 이어져 있는 코스에 도전해 보면 어떨까. 특히 산 정상에 백마白馬상이 있고 탁 트인 경치가 일품인 진바산은 '강추'다. 진바산에서 가게노부산까지 가는 코스는 걷기 쉬운 능선인데다 예쁜 숲이 있어 쭉쭉 뻗은 나무도 올려다보면서 느긋하게 등산을 즐길 수 있다. 가게노부산이나 시로야마산 정상에서 컵라면이나 차를 마셔도 되고, 소바집 등도 있어서 간단히 요기를 할 수도 있다산 정상에서 주류를 판매하기도 하는데, 절대 오버는 금물!.

　　　다카오산보다 높은 진바산857미터에서 다카오산으로 내려오는 편이 더 수월하다. 진바산 정상까지 가는 길은 초반이 좀 급경사길이라 살짝 힘들 수 있다. 진바산 정상까지 간 후, 묘오토게明王峠, 가게야마산 쪽으로 이동하고, 시로야마산, 다카오산으로 이동하면 된다. 진바산에서 출발하는 코스의 단점은 진바산 입구까지 JR후지노역에서 내려서 노선버스노08번을 타고 이동해야 한다는 것이다. 하지만 하산할 때 진바산에서 하산하면 버스가 1시간에 한 대뿐인데, 다카오산은 케이블카를 이용해 내려갈 수 있다는 장점이 있다. 케이블카 대기시간은 20분, 사람이 많을 때는 40분 정도 소요된다.

1. 산 정상 풍경 2·3. 진바산 정상과 백마상 4. 산행 중 만나게 되는 멋진 숲 5. 간식거리를 먹을 수 있는 매점
6. 다카오산 야쿠오인 사찰 7. 599뮤지엄

니시타마군西多摩郡 오쿠타마奥多摩 지역 트래킹

고리古里역 또는 오쿠타마역

☆

신주쿠역에서 가는 것이 제일 편하다. 신주쿠역에서 JC 중앙선쾌속선 주오카이소쿠센 신주쿠역 방향으로 가서 오메(青梅)행 열차를 탄다. 중간에 JR오메선으로 자동으로 바뀌므로 갈아 탈 필요 없이 계속 가면 된다. 1시간 30분~2시간 정도 걸린다.

☆

오쿠타마의 트래킹 코스에는 식당이나 카페가 있기는 하지만 많지도 않고 규모가 작다. 다카오산처럼 매점이 없기 때문에 출발 전에 편의점에서 미리 간단하게 물과 먹을거리를 챙겨 가는 것이 좋다. '숲속카페'로 잘 알려진 '폿포' 창가에서 계곡을 한눈에 내려다보며 점심을 먹어도 좋은데, 여기도 크지 않은 곳이라 자리가 많지 않고 주인이 혼자 운영하는 곳이라 오래 기다려야 할 수도 있다.

오쿠타마는 캠핑과 하이킹, 카약 등 수상스포츠를 즐기는 사람들이 좋아하는 지역이다. 도쿄도민이 사용하는 수돗물을 공급하는 대규모 저수지 오쿠타마호수를 비롯해, 강과 계곡, 폭포, 다리, 소나무와 삼나무 등이 우거진 숲, 시로마루댐 등이 있다. 오쿠타마 지역에는 비교적 걷기 쉬우면서도 수려한 자연 풍경을 즐길 수 있는 트래킹 코스가 많다.

오쿠타마관광협회 홈페이지 www.okutama.gr.jp/site/walking/ 에 여러 트래킹 코스가 안내되어 있는데, 가장 많이 선택하는 코스는 고리역에서 오메선 종점인 오쿠타마역까지 가는 총 8.2킬로미터 3시간 정도 소요 오타마大多摩 워킹 트레일 코스. 윗폭포, 아랫폭포, 하노토스계곡, 시로마루댐, 시로마루호수, 히카와계곡 등을 볼 수 있는 이 코스는 고리역-하노토스역-시로마루역-오쿠타마역 총 네 군데 역을 잇는 구간의 길을 걷는 셈이다. 걷기를 마치고 고풍스러운 오쿠타마역사 주변 산책도 즐겨 보자. 오쿠타마역에서 멀지 않은 곳에 모에기노유もえぎの湯라는 온천이 있는데, 이곳에서 온천을 즐기며 피로를 풀어도 좋다.

그밖에도 오쿠타마역에서 오쿠타마호수까지 가는 네 시간 정도 코스도 있고, 거대한 오쿠타마호수를 따라 걷는 이코이의 길 코스도 있다. 이 코스는 오쿠타마역 맞은 편 버스 정류장에서 버스를 타면 된다. 오쿠타마호수의 명물은 호수를 횡단하는 부교浮橋 '드럼캔다리'이며, 주변에 있는 오고우치댐도 함께 둘러보면 좋다.

1·2·3. 트래킹하며 만나게 되는 울창한 숲과 계곡, 다리 4. 쉬어 갈 수 있는 카페 폿포(Cafe Poppo) 5. 계곡을 건너기 위한 다리 6. 시로마루댐

그린 도쿄

초록 풍경을
　　　찾아 떠나는
도쿄 여행 안내서

1판 1쇄 펴낸날 | 2025년 6월 25일
글·사진 | 김석원, 윤지하, 전은정

펴낸이 | 전은정
펴낸곳 | 목수책방
출판신고 | 제25100-2013-000021호
대표전화 | 070 8151 4255
팩시밀리 | 0303 3440 7277
이메일 | moonlittree@naver.com
블로그 | blog.naver.com/moonlittree
페이스북 인스타그램 | moksubooks
스마트스토어 | smartstore.naver.com/moksubooks

디자인 | 문석용(엠모티프)
제작 | 야진북스

ISBN 979-11-88806-69-0 (03980)
가격 25,000원

Copyright ⓒ 2025 김석원, 윤지하, 전은정
이 책은 저자 김석원, 윤지하, 전은정과 목수책방의 독점 계약에 의해 출간되었으므로
이 책에 실린 내용의 무단 전재와 무단 복제, 광전자 매체 수록을 금합니다.